Ulla R[illegible]berger

Kraft- und Schutz STEINE

Wie man die Kraft der Edelsteine wirksam einsetzen kann

– von Achat bis Zirkon –

Schirner Verlag

Die Ratschläge in diesem Buch sind sorgfältig erwogen und geprüft. Sie bieten jedoch keinen Ersatz für kompetenten medizinischen Rat, sondern dienen der Begleitung und der Anregung der Selbstheilungskräfte. Alle Angaben in diesem Buch erfolgen daher ohne Gewährleistung oder Garantie seitens der Autorin oder des Verlages. Eine Haftung der Autorin bzw. des Verlages und seiner Beauftragten für Personen-, Sach- und Vermögensschäden ist ausgeschlossen.

ISBN 978-3-8434-1421-0

Ulla Rosenberger:
Kraft- und Schutzsteine
Wie man die Kraft der Edelsteine
wirksam einsetzen kann
– von Achat bis Zirkon –

Umschlag: Simone Fleck, Schirner,
unter Verwendung von #785091088
(©Maija Luomala), #277475495
(©vata) und #1438593257 (©sunniwa),
www.shutterstock.com
Layout: Simone Fleck, Schirner
Lektorat: Kerstin Noack, Schirner
Printed by: Ren Medien GmbH,
Germany

www.schirner.com

2., erweiterte und neu gestaltete Auflage Mai 2020

Inhalt

Vorwort

Das kleine Dorf in Unterfranken, in dem ich meine Kindheit verbrachte, ließ sich im Gegensatz zu den größeren Städten drum herum viel Zeit mit seiner Entwicklung zu einer modernen Ortschaft. Im Nachhinein scheint es mir, als habe dort die Zeit ein wenig Halt gemacht und eine dörfliche Idylle und Abgeschiedenheit bewahrt, wie man sie heute vielleicht noch im ländlichen Südfrankreich antrifft. Beinahe die Hälfte der Einwohner lebte damals noch von der Landwirtschaft, und die Mehrzahl aller Gebäude war entsprechend mit Scheune und Hof ausgestattet. Unseren Hof teilten wir mit zwei weiteren Parteien. Die alte Dame im Erdgeschoss war eine streng gläubige Frau, deren komplette Wohnung mit Devotionalien gefüllt war – von kitschig bunten Engelfiguren bis hin zu erschreckend gestalteten Kruzifixen. Eine im Vergleich dazu wirklich schöne Figur befand sich nicht in ihrer Wohnung, sondern in einer Mauernische über der Eingangstür. Dort stand in einer perfekt gestalteten Amethystdruse eine betende Madonna. Die Stille und Heiligkeit, die sie ausstrahlte, faszinierten mich sehr. Viele Male stand ich davor und bewunderte die zarte Frauenfigur, die von den edlen lila Kristallen des Amethysts, der sich wie eine schützende Höhle um sie wölbte, eingerahmt wurde. Damals wie heute strahlt der Amethyst für mich diese nüchterne Reinheit und beinahe heilige Ruhe aus. Intuitiv hatte die alte Dame ihren Stein mit einer Aufgabe betraut, die seinem Wesen entsprach …

Einleitung

Schutz als Grundthema des Lebens

Die Geschichte des Lebens ist untrennbar mit dem Thema »Schutz« verbunden. Das Leben auf der Erde konnte nur entstehen, weil diese sich in einer geschützten Atmosphäre befindet. Sie sorgt für gemäßigte Temperaturen und eine große Menge Wasser in flüssiger Form, die unter anderem Voraussetzungen für die Entwicklung von Leben auf unserem blauen Planeten waren. Die großen Planeten, wie Jupiter und Saturn, hielten und halten zudem den Großteil der gefährlichen Objekte aus dem All ab.

Jede Lebensform auf der Erde besitzt einen Mechanismus, mit dem sie sich schützt. Solche unterschiedlichen Schutzmechanismen finden wir in der Tier- und Pflanzenwelt, und natürlich wären auch wir heute nicht hier, wenn sich nicht auch unsere Vorfahren in jeder Entwicklungsphase zu schützen verstanden hätten. Schutz ist überlebenswichtig! Den größten Teil der uns schützenden Handlungen vollziehen wir täglich, ohne uns Gedanken über sie zu machen: Wir verschließen unsere Wohnung, wenn wir sie verlassen, tragen wettergerechte Kleidung und schnallen uns im Auto an. Wir achten auf einen sicheren Schulweg für unsere Kinder, installieren Schutzprogramme auf unserem Computer und schließen massenweise Versicherungen ab. Auch in der Werbung scheint das Thema »Schutz«, verpackt in Slogans und Schlagwörter wie Protektion, Abwehr und Blocker, sehr zugkräftig zu sein. Warum ist in einer vermeintlich so gesicherten Welt wie der unsrigen der Schutz weiterhin von so großer Bedeutung?

Im Zuge der technischen Umwälzung muss sich der Mensch einer Beschleunigung anpassen, die er selbst verursacht hat. Rationalität, Effizienz und Rentabilität erhalten einen immer größeren Stellenwert, das Wort »Zeit« ist eines der am häufigsten benutzten Substantive. Für eine Welt, in der alles immer schneller, höher, weiter gehen muss, ist der Mensch nicht geschaffen. Wir leben dank der modernen Errungenschaften der letzten hundertfünfzig Jahre zwar gesünder und bewusster als je zuvor – die Hygiene, die Medizin und auch unser Sicherheitssystem stehen auf hohem Niveau – doch wir leiden an Ängsten, bekommen sogenannte Zivilisationskrankheiten und sind in diesem Sinne nicht unbedingt widerstandsfähiger oder geschützter als unsere Vorfahren. Mitverantwortlich dafür ist unsere permanente Anspannung. Ausreichende Ruhephasen, dazu die täglichen kleinen Auszeiten sowie der liebevolle Austausch mit anderen Menschen, die uns helfen, wieder ins Lot zu kommen, uns zu regenerieren und unsere Stärke wiederzufinden, fehlen häufig oder kommen zu kurz.

Welche Art von Schutz ist also für uns wichtig, und wie können wir ihn für uns aufbauen? Ganz entscheidend hierfür ist, dass wir die vielen positiven Aspekte in unserem Leben wahrnehmen und ihnen mehr Raum geben.

Ein leicht in den Alltag zu integrierendes Hilfsmittel ist die Meditation. Sie erreichen damit das bewusste Loslassen aller Gedanken, das Befreien von Schwere und Anspannung. Sie erschaffen für Körper, Geist und Seele Ruhe, gehen dadurch in Resilienz und lassen innere wie äußere Heilung zu.

Ebenso gewinnbringend ist beispielsweise Yoga. Hierbei verbinden Sie die meditativen Aspekte mit einer sehr bewussten Praxis, die in ihrer umfassenden Wirkungsweise weit über ein gewöhnliches Körpertraining hinausgeht.

Als sehr segensreich hat sich auch das Pilgern erwiesen. Dabei muss es nicht gleich der Jakobsweg oder die Wanderung nach Spa sein. Suchen Sie einfach für das nächste Wochenende eine nahegelegene Quelle aus, dazu einen schönen Wanderweg, der gut zu bewältigen ist. Halten Sie dort für ein paar lange Minuten inne.

Übrigens ist ein gutes Wasser ein wichtiger Beitrag zum täglichen Wohlbefinden. Sie können es natürlich auch mit Edelsteinen energetisieren, um ihm jene Kraft zu geben, die Sie benötigen.*

Nicht zu vergessen: die sozialen Kontakte. Dass wir Menschen nicht fürs Alleinsein geschaffen sind, ist jedem klar. Aber wie wäre es denn mal mit einem Anruf bei einem aus den Augen verlorenen Bekannten oder einer spontanen Einladung der schon lange nicht mehr kontaktierten Freundin? Auch und gerade auf neuen Wegen, an neuen Orten, wie beispielsweise in der Yogastunde oder beim Pilgern kann man tolle Menschen mit gleicher Gesinnung und neuen Gedanken treffen.

Dies alles hilft, unseren Blickwinkel zu erweitern, andere Wege zu sehen. Wir empfinden mehr Freude, finden unsere Mitte, fühlen festen Boden unter den Füßen. Wir fühlen uns wieder stärker »geerdet«. Erdung ist Sicherheit. Sicherheit ist Schutz.

---

* Lesetipp: Ulla Rosenberger: »Wasser & Steine – Edelsteinwasser selbst herstellen« (Schirner Verlag, 2014).

Schutz ist weit mehr als eine Rüstung, ein Bodyguard oder eine Krankenversicherung. Was nützen diese Dinge, wenn sie im Notfall Lücken aufweisen oder gar nicht greifen? Schutz ist eigenständiges Denken, Verantwortung übernehmen, Schutz ist Training des Körpers und des Geistes, Schutz ist Wissen um das, was um uns herum vorgeht, Schutz ist Aufmerksamkeit und innere Balance.

Der beste Schutz ist ein gesunder Menschenverstand, denn mit ihm trifft man die richtigen Entscheidungen und hält sich von Gefahren jeglicher Art fern. Schutz bedeutet, klare Gedanken zu haben, einen ruhigen Geist, der die Welt so wahrnimmt, wie sie ist, und auf die Anforderungen des täglichen Lebens besonnen und verantwortungsvoll reagiert. Auf diese Weise wehren Sie den größten Teil der potenziellen Angriffe ab, mögliche Gefahrenquellen bleiben gering.

Mit diesem Grundgedanken können wir beginnen, uns zu stärken, denn im Alltag begegnen wir ständig Situationen, die uns überraschen und zu unüberlegtem Handeln verleiten. Dann sind wir empfänglich für Störungen von außen, sind angreifbar und können leicht aus unserer Mitte gebracht werden. Wenn wir uns mit wiederkehrenden Problemen, wie beispielsweise einer schwierigen Wohnsituation oder familiären Sorgen auseinandersetzen müssen, kann unser seelisches Abwehrsystem geschwächt werden. In solchen Momenten ist es ratsam, etwas zu haben, was unseren inneren Schutzschild wiederaufbaut. Edelsteine sind dazu in der Lage. Mit ihnen gibt uns die Natur darüber hinaus ein Produkt an die Hand, das gleich zwei wundervolle Aspekte miteinander verbindet: Es schützt und schmückt in einem.

Kleine Geschichte der Schutzsteine

Die Nutzung von Edelsteinen zu Heilzwecken geht nachweislich bis 3000 v. Chr. zurück, wie sumerische Inschriften belegen. Und auch im Gilgamesch-Epos, einer der ältesten überlieferten, schriftlich fixierten Dichtungen aus der Zeit um 1200 v. Chr. werden die positiven Wirkungen der Edelsteine auf den Menschen beschrieben. Dabei wurde ihnen neben der Bedeutung für Glück, Gesundheit und ein langes Leben auch eine Beziehung zu den Gestirnen zugesprochen. Demnach konnten bestimmte Edelsteine in Verbindung mit den ihnen zugeordneten Sternen Einfluss auf das Schicksal des Menschen nehmen.

Ebenso ist bekannt, dass das Wissen um die positiven Kräfte der Edelsteine über Asien nach Griechenland gelangte und sich von dort aus über Europa ausbreitete. Selbst in der Bibel finden sie Erwähnung. So verwundert es nicht, dass die Kraft der Steine auch in der Antike noch mit den Einflüssen der Planeten auf unser Leben in Verbindung gebracht wurde.

Warum sollten Steine aber ausgerechnet heute, mitten im Aufbruch in eine – auch in spiritueller Hinsicht – neue Zeit, so wichtig sein? Warum sollte so etwas im wahrsten Sinne Steinaltes und formal betrachtet komplett

Statisches flexibel genug sein, uns im Wandel der Zeit schützend zu begleiten?

Ganz einfach, weil das Schwingungsmuster, die universelle Frequenz, die sich in den Steinen manifestiert hat, genau jener entspricht, auf die wir in unserer Zeitepoche nach Aussagen vieler Heiler und Lichtarbeiter angehoben werden. Auch laut einer bekannten indischen Lebensweisheit ruht dieses Göttliche im Stein und erwacht schließlich in uns Menschen.

Durch ihre zum Teil über Millionen Jahre andauernde Entstehungsphase haben Edelsteine mehr Wandlungen auf Erden erlebt, als wir uns vorstellen können. Aufgrund ihrer Stabilität sind sie rein und unbelastet in ihrer Grundschwingung durch alle Phasen hindurchgegangen. Darum geben uns Edelsteine heute mehr denn je inneren Halt. Gleichzeitig halten sie uns auf körperlicher, geistiger und seelischer Ebene beweglich und aufnahmefähig für wichtige Veränderungen.

Die Stars unter den Schutzsteinen

Einer dieser Schutzsteine ist der Schungit. Er hat – zu Recht – in Windeseile die Welt erobert. Seine reinigende und entgiftende Wirkung entfaltet sich auf all unseren Ebenen. In der Arbeit mit dem Schungit fühlt man, wie der innere Raum deutlich größer wird. Die Atmung wird tiefer, der Rücken streckt sich, der Geist entspannt sich angesichts dieses gewonnenen Raumes. Das liegt an der speziellen molekularen Beschaffenheit des Schungits, durch die er das Vitalfeld verdichtet, mögliche Lücken darin schließt und es auf das optimale Maß ausdehnt. Die Aura wird zu einem starken Schutzschild, der auf allen Ebenen wirkt und seinen Träger somit weniger anfällig für Störungen macht.

Schungit

Gehen wir in ein Fachgeschäft, um einen Schutzstein zu kaufen, wird uns sehr häufig der Schörl, der schwarze Turmalin, empfohlen. Dabei ist es einerlei, für welche Art von Schutz wir ihn benötigen. Schon im Mittelalter haben ihn die Menschen »gegen den bösen Blick« getragen. Heute schützt er viele Menschen im Alltag nicht nur bei ihren täglichen Besorgungen und vor Übergriffen jeglicher Art, sondern er wird auch gegen Elektrosmog und andere Strahlungen eingesetzt. Die Bandbreite seiner Wirkungen liegt an der Eigenschaft, Energien leicht zu transportieren. Auf diese Weise ist es ihm

Schörl mit Glimmer

möglich, negative Einflüsse zu zerstreuen und einfach abzuleiten. Es ist tatsächlich von Vorteil, einen Schörl bei sich zu tragen, vor allem wenn man ein starkes Schutzbedürfnis hat.

Ganz ähnlich liegt die Sache bei den Steinen der Glimmer-Familie. Dazu gehören Biotit, Fuchsit, Lepidolith und Muskovit. Sie alle geben Schutz durch Abgrenzung, das bedeutet, sie schützen sicher wie eine Festung, wobei ihre Energie die Seele leicht und unbeschwert macht.

Warum also nach all den anderen Steinen fragen, die ich in diesem Buch noch aufzählen werde? Ganz einfach, weil wir nicht nur einen Schirm aufspannen, sondern uns auch rundum stärken wollen, damit wir für potenzielle negative Einflüsse gar nicht erst zum Ziel werden.

Deshalb ist es wichtig, für jeden individuellen Fall den richtigen Schutz zu haben. In den Beispielen dieses Buches ist für jeden Anlass der richtige Edelstein mit seinen besonderen Fähigkeiten beschrieben.

Affirmationen – kraftvolle Sätze für idealen Schutz

Was bedeutet Affirmation? Das Wort kommt aus dem Lateinischen und steht für Versicherung, Beteuerung. Es beschreibt die positive Eigenschaft eines Wortes bzw. einer Aussage. Indem wir Sätze formulieren, setzen wir die Wirkung dieser Aussage frei. Auch zur Aufladung von Steinen eignen sich die Affirmationen sehr gut. Dabei sollten wir genau darauf achten, wie wir die Sätze formulieren, denn die Seele hört darin mehr, als wir ahnen.

Hier ein Beispiel für einen Satz, der sich ungünstig auswirken könnte: »Dieser Stein wird dafür sorgen, dass es in Zukunft keinen Streit mehr in der Familie gibt.«

Hier bestimmt das negativ besetzte Wort Streit die wesentliche Aussage. Auch wenn die Verneinung »keinen« davor steht, registriert das Unterbewusstsein diese kaum, während die bezeichnenden Worte hingegen einen zentralen Platz einnehmen. Die Seele kennt die Bedeutung des Wortes Streit und reagiert entsprechend mit Ablehnung, Angst oder Ärger. Darüber hinaus stellt eine verneinende Aussage zwar fest, was Sie nicht wollen, gibt aber keine Auskunft darüber, was Sie wirklich anstreben. Die Worte »wird« und »in Zukunft« verschieben eine Lösung zudem in weite Ferne. Sie kann also nicht wahr werden. Die Verschiebung in die Zukunft ist dann in Ordnung, wenn Sie sich den Dingen nur langsam nähern können und noch Zeit brauchen, um sich auf Neuerungen einzustellen. Sie sollte aber nach dieser Zeit durch Worte, die Gegenwärtigkeit ausdrücken, ersetzt werden.

Formulieren Sie den Satz besser so: »Dieser Stein unterstützt eine Verständnis und Harmonie aufbauende Kommunikation in der Gemeinschaft.«

In diesem Satz sind die tragenden Worte Verständnis, Harmonie, Aufbau und Kommunikation positiv. Mit dieser klaren und direkten Ausdrucksweise treten Sie aus der Defensive, aus der Abwehrhaltung, heraus und formulieren klar und deutlich Ihren Willen. Es ist die Übernahme von Verantwortung für das, was Sie wirklich wollen. Das versteht Ihre Seele und auch Ihr Gegenüber. Das nehmen auch Ihr Unterbewusstsein und Ihre Helfer auf der feinstofflichen Ebene wahr. Jeder weiß nun, worum genau es geht, und handelt danach. Erst jetzt kann der Schutz für Sie richtig greifen.

Ein weiterer, sehr wichtiger Faktor ist der explizit formulierte Dank an alle, die an der Verwirklichung des Vorhabens beteiligt sind. Beenden Sie jede Affirmation mit solch einer Danksagung. Sie richtet sich an das Höhere, an das Sie glauben.

Hier ein Beispiel: ***»Ich danke den höheren Wesen und meinen persönlichen Engeln für ihre Unterstützung.«***

Sofern in einer Affirmation Wünsche enthalten sind, die eine umfassende Veränderung herbeiführen sollen, vergessen Sie nicht, die universelle Ordnung mit einzubeziehen.

Hier ein Beispiel: ***»Sofern es zum allgemeinen Wohle und im Rahmen der kosmischen Gesetze ist, wünsche ich mir eine neue Wohnung an einem für mich angenehmen Ort.«***

Als Abschluss können Sie die Worte »so sei es« oder das gleichbedeutende lateinische Wort »amen« hinzufügen.

Es ist durchaus möglich, dass Sie nach dem ersten Sprechen der Affirmation selbst noch nicht an das glauben, was Sie eben gesagt haben. Wiederholen Sie die Affirmation dann einfach so lange, bis Sie Ihre Überzeugung spüren. Je häufiger Sie die Sätze hinausschicken, desto dichter wird der Schutz. Halten Sie dabei den betreffenden Edelstein in der Hand, und konzentrieren Sie die gesprochene Energie mithilfe Ihrer Gedanken auf den Stein. Auf diese Weise wird er mit der Affirmation aufgeladen. Er verstärkt ihren Inhalt mit seiner eigenen Energie und gibt beides an Sie weiter. Sie können es mit dem Licht einer Taschenlampe vergleichen, das für Sie leuchtet. Nach ein bis drei Tagen reinigen Sie den Stein und erneuern die Affirmation.

Schutz durch Edelsteine im täglichen Leben

Tragbare Schützer und solche, die weit tragen

Edelsteine als Heiler und Schützer täglich bei sich zu tragen, ist eine einfache Sache, vor allem dann, wenn man Schmuck liebt. Von Ohrring über Kette oder Anhänger bis hin zu Armband und Ring können Sie aus einem reichhaltigen Angebot schöpfen. An dieser Stelle möchte ich Ihnen einige Steine und Schmuckstücke empfehlen, die nicht nur in genauer Abstimmung auf ihre Wirkungsweise angefertigt worden sind, sondern auch durch Originalität bezaubern. Wie wäre es z. B. mit einem Schutzengelanhänger mit Heliotrop oder einem Heliotrop-Armband zur Stärkung des Immunsystems oder einer Mala mit Karneol zur Stärkung des zweiten Chakras und zum Schutz in der Gemeinschaft? Für alle, die sich nicht mit Schmuck behängen wollen oder es aus beruflichen Gründen nicht dürfen, gibt es Edelsteine in passenden Größen für die Hosentasche oder für andere Formen des Tragens. Im Folgenden finden Sie zudem weitere Methoden, mit denen Sie die schützende Kraft der Steine ganz leicht in ihrem täglichen Leben entfalten können, z. B. durch das Legen eines Steinmandalas, die wirksame Kombination von Steinen und Symbolen oder die Stärkung Ihrer Chakras.

Die fantastische Wirkung von Mandalas

Wer es schon einmal ausprobiert hat, kann es bestätigen: Das Legen eines Steinmandalas, auch Crystal Grid genannt, hat nachhaltige Wirkungen. Das ist darauf zurückzuführen, dass die Natur nach bestimmten Ordnungen strebt. Von der Anordnung der Atome bis hin zu Galaxien erkennen wir ihre universell geltenden Muster, nach denen nahezu alles Lebendige gebaut ist. Sobald wir ein Grid (Gitternetz) aus Steinen legen, geht es in Resonanz mit den universellen Schwingungen. Es wirkt somit über eine größere zeitliche und räumliche Spanne, als das einfache Legen vermuten lässt.
Ein weiterer Grund für die besondere Wirkung ist die intensive Auseinandersetzung mit dem Thema, für das Sie Ihr Mandala legen möchten: Wie ist dieses Thema strukturiert, was sind Ihre Möglichkeiten, welches Ziel streben Sie an, welche Hindernisse sind zu beseitigen? Dafür wählen Sie Ihre Steine aus und die Form, in der Sie Ihr Mandala legen. Eine passende Affirmation, die Sie während des Legens sprechen, unterstützt und verstärkt die Wirkung um ein Vielfaches.

Sie können Ihr Mandala frei nach Gefühl legen oder nach den bewährten, universellen Mustern, von denen ich hier einige vorstelle.

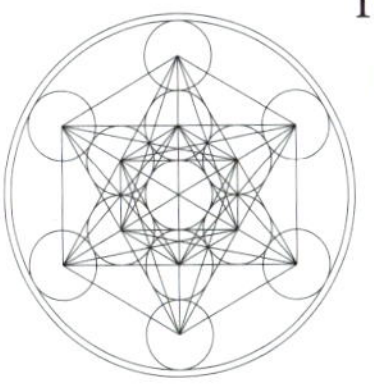

Die sechsteilige Anordnung (z. B. Blume des Lebens und Metatrons Würfel) stellt eine immer wiederkehrende Herausbildung/Ausformung innerhalb der elementaren kosmischen Ordnung dar. Sie steht für Neubeginn, Reinigung, Energie, Schutz, Transformation und Erkenntnis. Somit eignet sie sich für eine Vielzahl der Themen, die uns bewegen.

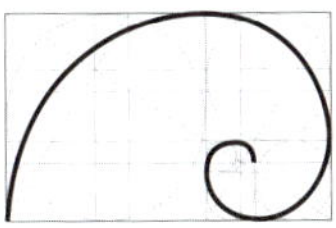

Der Goldene Schnitt steht für Entwicklung nach den Grundregeln des Universums, für Stabilität, Wachstum und Erfolg für geplante Projekte. Diese Spirale als Grundmuster für Ihr Grid gewährleistet einen positiven, natürlichen Verlauf der Angelegenheiten, für die Sie Ihre Steine legen.

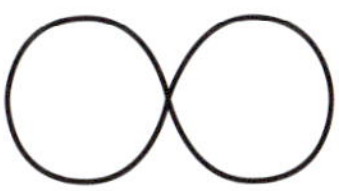

Die Lemniskate (Infinity-Symbol) steht für Unendlichkeit, Gleichgewicht und Harmonie.

Der achtzackige Stern steht für Schutz, Stabilität und Bewusstseinserweiterung.

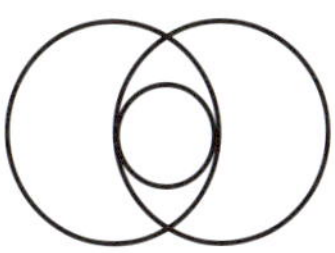

Die Vesica Piscis steht für Neubeginn, Verbindung von Gegensätzen und der Begegnung des Weltlichen mit dem Göttlichen.

SO LEGEN SIE EIN STEINMANDALA:

Denken Sie an Ihr Thema, und formulieren Sie Ihre Absicht. Sie können die wichtigsten Punkte auch aufschreiben. Wählen Sie nun die Steine aus. Der Stein für den Mittelpunkt zeigt Ihren Fokus an. Nehmen wir in unserem Beispiel das Thema »Sicherheit durch innere Stärke und äußere Präsenz«.
Als Energiestein im Zentrum eignet sich der Schungit. Seine besondere Kraft wird verstärkt und weitergeleitet durch die sechsstrahlig angeordneten Bergkristallspitzen. Sie sorgen auch für die Verbindungen innerhalb des Gitternetzes. Den äußeren Rand markieren Orangencalcit-Trommelsteine, die sonnige Grundstimmung, Tatkraft und Selbstvertrauen weitergeben. Wahlweise können Sie auch andere orangefarbene Steine wie Karneol oder Goldtopas einsetzen.

AFFIRMATION

»Dieses Mandala verleiht mir innere Stärke und lässt mich den Raum, der mir zusteht, erkennen und nutzen.
Ich gehe aufrecht und mit starkem Selbstvertrauen in die Welt.
Ich sehe die Dinge so, wie sie sind, und handle richtig.
Meine neue Haltung und die Kraft des Grids bewirken einen positiven Wandel im universellen Geschehen,
zu meinem Wohle und zum Wohle aller.
Danke an alle Wesenheiten für ihre Unterstützung.
So sei es.«

Die besondere Kraft des Orgonit

Unter Orgon ist die überall vorhandene, durch uns hindurchfließende Energie zu verstehen. Wir kennen sie auch unter Synonymen wie Chi, Prana oder eben Lebenskraft. Der Erforscher des Orgon, Wilhelm Reich, hat erkannt, dass diese Energie von organischen Substanzen wie beispielsweise Harz angezogen und von anorganischen wie Metallspänen abgestoßen wird. Im Orgonit sind diese beiden Substanzen in wechselnden Schichten angeordnet und somit in der Lage, ein lebendiges Schwingungsfeld aufzubauen. Die hindurchfließende Energie wird neu ausgerichtet, konzentriert und gelenkt. Selbst chaotische Schwingungen, die sich negativ auf uns auswirken (z. B. Elektrosmog), werden darin harmonisiert und als positiv wirkende Schwingungen wieder abgegeben. In den Orgonit eingearbeitete Kristalle sowie positive Lebenssymbole verstärken die Energie zusätzlich und richten sie noch deutlicher aus.

Der Orgonit wird bevorzugt gegen Elektrosmog eingesetzt, also in Bereichen mit starken Funkwellen, Abstrahlungen von Leitungen und Masten sowie in Räumen mit ständig laufenden Elektrogeräten. Einen besonderen Schutz gewährleistet dabei eine Orgonitpyramide mit einer Seitenlänge von 8 cm. Sie zieht laut bioenergetischen Testergebnissen die negativen Strahlungswellen über ihre breite Basis an, wandelt sie in ihren Schichten in positive Wellenstrukturen um und gibt diese über die Spitze wieder an ihre Umgebung ab. Ich selbst nutze eine solche Pyramide mit eingearbeiteten Edelsteinen im Verlauf der Chakrafarben und der Spirale als Symbol. Ihre Wirkung war für mich vom ersten Moment an deutlich spürbar!

Sie können den Orgonit aber auch zur allgemeinen Stärkung Ihrer Lebensenergie nutzen. Hierfür gibt es eine inzwischen große Auswahl an formschönen Anhängern und anderen Artikeln. Achten Sie beim Kauf auf seriöse Anbieter und auf die positive Ausstrahlung des Stückes. Dafür ist es von Vorteil, wenn sie Ihren Orgonit vor dem Kauf in die Hand nehmen und hineinfühlen können.

Weitere Maßnahmen für mehr Schutz

Es ist ein schönes Gefühl, morgens aufzustehen und im Laufe des Morgens zu bemerken, dass es ein guter Tag wird. Wir gehen beherzt an die Dinge heran, die wir uns vorgenommen haben, gehen energiegeladen und gut gelaunt zur Arbeit, zum Einkaufen, zu Freunden oder zum Sport. Wir lassen uns dabei nicht aus der Balance bringen, setzen unsere Kräfte sinnvoll ein, und Stress oder gar Ärger kommen gar nicht erst an uns heran. Das ist der Idealzustand. Aber wie oft haben wir schon einen so angenehmen Tag, der von der ersten bis zur letzten Minute wunderbar verläuft? Wenn Sie nun sagen, einen solchen Tag hatte ich schon lange nicht mehr oder gar noch nie, stehen Sie damit nicht allein.

Es gibt Zeiten, in denen läuft es wie folgt ab: Die Sorgen vom Vortag lösen sich nur teilweise in einem unruhigen Schlaf, um sich gleich am nächsten Morgen wieder zu melden. Wir sind müde und kommen nur schwer in die Gänge, was dazu führt, dass wir hastig oder gar nicht frühstücken, zur überfüllten Bahn hasten oder uns im Auto über Ampeln und andere Verkehrsteilnehmer ärgern. Nach den täglichen Herausforderungen am Arbeitsplatz hechten wir noch schnell durch den Supermarkt, schieben uns zu Hause ein schnelles Essen rein, und wenn wir uns danach zum »Entspannen« nicht vor dem Fernseher oder dem Computer wertvolle Lebenszeit rauben lassen, gehen wir aus, um wenigstens am Abend zu fühlen, wofür wir leben.

Natürlich können wir nicht einfach so die Pflichten und täglichen Anforderungen des Lebens von uns abstreifen. Besser ist es, einen anderen Umgang damit zu versuchen. Es gibt ein paar einfache Tricks, die sich nahezu mühelos in jeden Alltag integrieren lassen. Mit ihrer Umsetzung gewinnen Sie schon sehr bald ein spürbares Mehr an Lebensqualität und natürlichem Schutz.

Erster Schritt: Entspannung mit dem Amazonit

Ein Hase, der vor einem Fressfeind flüchtet, schlägt selbst dann noch Haken, wenn der Verfolger längst nicht mehr da ist. Das liegt am Stresshormon Adrenalin, das seinen Körper in der Gefahrensituation überflutet hat und das er nun mit der vermehrten Bewegung unbewusst wieder abzubauen versucht. Nach einem stressigen Tag sind auch wir mit Botenstoffen angefüllt, die unterschwellig wirken und weiterhin Aufmerksamkeit und Rastlosigkeit von uns fordern, obwohl unser Körper gleichzeitig nach der wohlverdienten Ruhe verlangt. Ganz klar, dass es in diesen Momenten viele Menschen vor den Fernseher oder zum Chatten und Spielen vor den Computer zieht, denn dabei muss man sich einerseits nicht mehr körperlich anstrengen, und andererseits werden die ratternden Gedanken von neuen Inhalten überlagert, die uns ablenken sollen. Leider ist aber genau das der falsche Weg. Der Geist kann durch den neuen Input nicht herunterfahren, und im Körper verharren die zuvor durch den Stress beanspruchten Muskelgruppen in ihrer Anspannung. Die Folgen sind schlechter Schlaf, Verspannungen und viele andere Symptome. Dabei ist es gar nicht schwer, Körper und Geist wieder ins Lot zu bringen.

Testen Sie einmal eine Woche lang Folgendes: Schlüpfen Sie nach dem Arbeitstag in gemütliche Kleidung, ziehen Sie sich in ein ruhiges Zimmer zurück, und machen Sie 30 Minuten lang streckende sowie entspannende Bewegungsübungen (Gymnastik, Yoga). Versuchen Sie, den Kopf freizumachen und an nichts zu denken. Dies wird Ihnen ganz leicht gelingen, wenn Sie statt auf Ihre Gedanken auf Ihren Atem und auf die Lockerung von allen verspannten Stellen in Ihrem Körper achten.

Eine große Hilfe ist hierbei der Amazonit. Dieser schöne Stein wirkt in hohem Maße ausgleichend und harmonisierend auf den Geist und entspannend auf den Körper. Er hilft dabei, Ärger und kreisende Gedanken loszulassen, und baut dadurch die am Tag aufgestaute Anspannung ab. Er löst Kummer und lässt seinen Träger zu sich selbst kommen.

Sie können ihn bei Ihren Übungen als Anhänger oder in der Hosentasche tragen. Ein größerer Amazonit entfaltet seine Wirkung am besten, wenn Sie ihn in Ihre Nähe – vorzugsweise in Herzhöhe – legen.

Zweiter Schritt: Schutz der Chakras – sieben Steine für einen harmonischen Energiefluss

Das Wort »Chakra« kommt aus dem Sanskrit und bedeutet »Kreis« bzw. »Rad«. Es bezeichnet die Energiezentren zwischen dem materiellen Körper und dem Astralleib. In der asiatischen Lehre geht man von sieben Chakras aus, die sich entlang der Wirbelsäule vom Wurzelchakra (Beckenboden) bis zum Kronenchakra (Scheitel) verteilen und miteinander verbunden sind. Durch diese Chakras ist der Mensch in der Lage, Energie verschiedener Art von außen aufzunehmen und auch auszusenden. Dabei hat jedes Chakra sein bestimmtes Aufgabengebiet. Je nach Entwicklungs- oder Bewusstseinszustand fließt die Energie durch sie stärker oder schwächer, das bedeutet, dass die Energien bei einem Menschen, dessen Körper, Geist und Seele in gesundem Einklang stehen, ungehindert durch die Chakras fließen können. Umgekehrt kann ein Chakra durch negative Ereignisse oder Lebensweisen blockiert werden. Ein Heiler wird sich daher immer darum bemühen, solche Blockaden zu lösen und so die Chakras zu öffnen, damit die Energie wieder fließen kann.

Wie können wir unsere Chakras schützen?

Eine gute Freundin von mir hatte sich in einem zweifelhaften Kurs einer offensichtlich ungeschulten Person einer sogenannten Chakraöffnung unterzogen. Sie fühlte auf der Stelle, dass dabei etwas gehörig schief gelaufen sein musste, weil es ihr plötzlich sehr schlecht ging. Natürlich hatte sie die behandelnde Person darauf angesprochen, doch diese reagierte nicht. Das schlechte Gefühl verließ meine Freundin nicht, und wenig später erfuhr sie, dass auf die Minuten genau zum Zeitpunkt der vermeintlichen Chakraöffnung in New York die Twin-Towers eingestürzt waren! Sie ersuchte in der darauffolgenden Zeit noch mehrmals die Hilfe jener Kursleiterin, doch diese ließ sich auf Dauer verleugnen. Die Fehlbehandlung und deren Auswirkungen konnten nur geschehen, weil meine Freundin nicht die Stärke aufbringen konnte, einer Manipulation dieser Reichweite ein schnelles Ende zu setzen.

Der beste Schutz für die Chakras ist also der, sie zu stärken. Bei der Suche nach professioneller Hilfe sollten Sie daher stets mit Bedacht vorgehen und jemanden wählen, der wirklich verantwortungsvoll mit dem Thema umgeht. Sie können aber durchaus auch selbst etwas für Ihre Chakras tun. Wenn wir gesund leben, unsere Schwachpunkte heilen und unsere Traumata verarbeiten, werden wir damit unseren Chakras Kraft geben. Bei diesem Handeln können uns jene Edelsteine von großer Hilfe sein, die in ihrer Wirkungsweise von Natur aus zu den Themen der Chakras passen. In der Literatur finden sich zu jedem Chakra mehrere Steine. Vorsorglich füge ich jedoch hinzu, dass ein Edelstein mit seiner individuellen Wirkweise selten alle Themen des zugeordneten Chakras erfassen kann. Sie stellt lediglich eine Annäherung dar. In dieser Annäherung jedoch lassen sich fantastische Ergebnisse erzielen.

Edelsteine gehen in Resonanz mit unserem Körper und mit unserem Bewusstsein. Sie helfen dabei, die Schwingungen in einen ausgewogenen Zustand und dadurch die Energie wieder zum Fließen zu bringen. Sie tun dies in besonderem Maße in den ihrem Wesen entsprechenden Chakras. Kräfte, die zuvor durch Blockaden fehlgeleitet waren, werden zentriert und wirken dort, wo sie gebraucht werden. Der dadurch hervorgerufene Schutz ist deutlich spürbar. Die Edelsteine verhelfen unseren Chakras dazu, auf natürlichem Wege wieder ein kraftvolles Energieportal zu werden.

Erstes Chakra – Wurzelchakra

Es befindet sich am Ansatz der Wirbelsäule bzw. am Beckenboden. Als Bewusstseinsinhalte des Wurzelchakras gelten Selbsterhaltungstrieb, Willenskraft und Realitätsverbundenheit.
Durch dieses Energiezentrum sind wir mit der Erde verbunden, es symbolisiert somit den Quell des Urvertrauens. Bei Störungen können Antriebslosigkeit und Existenzängste sowie Darmprobleme und Knochenkrankheiten auftreten.

Granat

Die roten Farbvarietäten des Granats (Almandin, Pyrop, Rhodolith) eignen sich hervorragend für die Stärkung des ersten Chakras. Der Granat vermittelt jene Kraft, die nötig ist, um alle Herausforderungen beherzt anzugehen und selbst in schwierigen Lebenslagen durchzuhalten. Er stärkt die Organe im Unterleib und verbessert die Qualität des Blutes.

AFFIRMATION

»Der Granat unterstützt meine Lebenskraft. Er stellt mein Handeln und mein Denken auf realen Boden und gibt mir dadurch die elementare Lust am Leben zurück. Mit ihm bekomme ich neue Ideen und den Willen, sie umzusetzen. Er stärkt und schützt mein erstes Chakra, und dafür danke ich ihm und allen Wesen, die unterstützend mitwirken. So sei es.«

Zweites Chakra – Sexualchakra

Karneol

In manchen Lehrbüchern wird dieses Chakra auf Höhe des Schambeins, in anderen auf Nabelhöhe abgebildet. Es steht für Lebensfreude, Sinnlichkeit und Kreativität sowie für das Bedürfnis nach menschlicher Nähe. Der Wunsch, in Harmonie mit anderen Menschen zu leben, findet hier seinen Ursprung. Ein blockiertes zweites Chakra äußert sich körperlich als Störungen oder Krankheiten an Niere und Blase (mangelnde Entgiftung) sowie der Geschlechtsorgane. Als seelische Symptome melden sich Antriebslosigkeit und Stimmungsschwankungen.

Der Karneol ist ein Stein, der hierbei Abhilfe schaffen kann, denn er verleiht Lebensfreude, Kraft und Mut. Er hilft dabei, die Gemeinschaft mit anderen Menschen wieder als positiv wahrzunehmen, und er bringt den Kreislauf in Schwung. Zudem reinigt er das Blut und verbessert die Nährstoffaufnahme. Dadurch werden die zugehörigen Organe unterstützt und gestärkt.

AFFIRMATION

»Der Karneol gibt mir Lebensfreude und Mut. Er verleiht mir Gemeinschaftssinn und fördert meine Kreativität. Meine Organe im Unterleib werden durch ihn mit Kraft versorgt und gesund gehalten. Er stärkt und schützt mein zweites Chakra, und dafür danke ich ihm und allen Wesen, die unterstützend mitwirken. So sei es.«

Drittes Chakra – Solarplexuschakra

Die Bewusstseinsinhalte des Solarplexuschakras sind Persönlichkeit, Vertrauen und Selbstkontrolle, aber auch Gefühle und Sensibilität. Weist ein Solarplexuschakra Störungen auf, kann der Betreffende an Bauchspeicheldrüse, Magen, Leber, Galle oder Milz erkranken. Eng damit verbunden sind auch seelische Störungen wie Unsicherheit, Gefühlskälte und Wutanfälle.

Ein klassischer Stein für dieses Chakra ist der Citrin. Er stärkt und schützt es nachhaltig, indem seine Energie wie wärmende Sonnenstrahlen den Solarplexus durchdringt. Er hellt die Stimmung auf, macht aufgeschlossen und gibt neuen Tatendrang. Durch seinen harmonisierenden Charakter ist er in der Lage, die zugehörigen Organe wieder ins Lot zu bringen und Krankheitssymptome zu mildern.

AFFIRMATION

»Der Citrin schenkt mir Vertrauen und Lebensmut. Er belebt meine Sinne mit sonniger Energie, er gibt mir Sicherheit und Gefühlstiefe zugleich. Er kräftigt meinen Solarplexus und alle Organe in seiner Umgebung. Er stärkt und schützt mein drittes Chakra, und dafür danke ich ihm und allen Wesen, die unterstützend mitwirken. So sei es.«

Viertes Chakra – Herzchakra

Peridot

Das sogenannte Herzchakra beinhaltet in seinen Themen Liebe, Mitgefühl, Menschlichkeit und tolerantes Miteinander. Eine Person mit starkem Herzchakra zeigt Engagement und Hilfsbereitschaft gegenüber seinen Mitmenschen. Dagegen zeigen Lieblosigkeit, Verbitterung, Herz- und Atemprobleme eine Blockade oder Störung an. Neben Kontaktschwierigkeiten oder gar Einsamkeit kann es im körperlichen Bereich auch zu Allergien und Haltungsschwächen kommen.

Der Peridot ähnelt in seiner Farbe dem jungen Grün eines Frühlingswaldes. Ähnlich wie dieser erfrischt er das Gemüt, öffnet das Herz und wirkt versöhnlich auf seinen Träger. Durch seine erneuernde Eigenschaft löst er auch negative Gefühle auf. Darüber hinaus ist er für seine entgiftenden und entschlackenden Wirkungen bekannt.

AFFIRMATION

»Der Peridot bringt Herzenswärme in mein Leben. Er verleiht mir Mitgefühl sowie Offenheit und schart auf diese Weise liebende Freunde um mich. Er gibt meinem Herzen seelisch wie körperlich Gesundheit und meinem Atem neue Kraft. Er stärkt und schützt mein viertes Chakra, und dafür danke ich ihm und allen Wesen, die unterstützend mitwirken.

So sei es.«

Fünftes Chakra – Hals- und Kehlchakra

Das Kehlchakra ist der Energiekanal für den Halsbereich. Mit ihm sind unter anderem Kehlkopf, Schilddrüse und Halswirbelsäule verbunden. Ebenso die Funktion der Atmung, die Stimme sowie der bewusste Umgang mit Sprache. Durch Blockaden des Chakras kann es zu vermehrten Erkältungskrankheiten kommen, zu Schüchternheit beim Reden bis hin zu Sprachstörungen sowie zu Problemen mit Halswirbelsäule und Schilddrüse.

Mit dem Lapislazuli können Sie Ihr Kehlchakra ideal stärken. Er hilft bei Halsschmerzen und Atemproblemen hauptsächlich durch seine Kraft, einengende Gefühle zu lösen. Dadurch verleiht er Ihnen auch auf der psychischen Ebene mehr Raum für Ihre eigenen Belange und die Fähigkeit, sich verbal auszudrücken.

AFFIRMATION

»Der Lapislazuli verleiht meiner Kehle neue Energie. Mit ihm kann ich das zum Ausdruck bringen, was für mich wichtig ist. Er lässt mich frei atmen und sprechen, denn er heilt alle Organe in meinem Hals. Er stärkt und schützt mein fünftes Chakra, und dafür danke ich ihm und allen Wesen, die unterstützend mitwirken. So sei es.«

Sechstes Chakra – Stirnchakra

Amethyst

Dem Stirnchakra werden die Sinnesorgane und die Gehirnfunktionen zugeordnet. Zu ihm gehören Gedächtnis und Lernfähigkeit sowie Intuition, Fantasie und die Begabung für übersinnliche Wahrnehmungen. Eine Blockade dieses Chakras kann sich durch diverse Erkrankungen der Sinnesorgane, irrationale Ängste, Kopfschmerzen, Gedächtnisschwäche und neurologische Störungen äußern. Dem Betreffenden fällt der mentale Zugang zu seiner Umgebung schwer.

Die erste Wahl bei den Steinen für das Stirnchakra fällt in fast allen Quellen zu Recht auf den Amethyst. Er ist in der Lage, die Gehirnfunktionen zu stärken, die Gedanken zu transformieren und somit das Aufgenommene besser zu verarbeiten. Er mildert Kopfschmerzen und bringt geistige Klarheit.

AFFIRMATION

»Der Amethyst reinigt meine Gedanken. Es bleibt das, was mich auf allen Ebenen weiterbringt. Er hält mein Gehirn gesund und verleiht mir Geisteskraft und inneren Frieden. Mit ihm gehe ich zuversichtlich voran, mit Ruhe und Wissen. Er stärkt und schützt mein sechstes Chakra, und dafür danke ich ihm und allen Wesen, die unterstützend mitwirken. So sei es.«

Siebtes Chakra – Kronenchakra

Spiritualität, Erkenntnis und Erleuchtung gelten als die Bewusstseinsinhalte des Kronenchakras. Das Streben nach dem höheren Sinn des Lebens und Religiosität finden hier ihre Ausprägung. Da es »über« dem Körper steht, gibt es keine physischen Zuordnungen zu diesem Chakra, denn der Fluss seiner Energie hat Auswirkung auf den gesamten Organismus. Hier findet tiefer innerer Frieden statt, das Gefühl der Vollendung, sofern auch alle anderen Chakras störungsfrei sind. Ist es blockiert, kann folglich der gesamte Körper in Mitleidenschaft gezogen werden. Auf geistiger und seelischer Ebene zeigen sich Lebensfrust, Verhaftung in der Materie und Störungen im Nervensystem.

Die Grundthemen des Bergkristalls sind Licht, Kraft und Klarheit. Er kann das Licht in sich bündeln und weiter transportieren. In seiner Eigenschaft als Kraftüberträger wird er nicht nur in der Steinheilkunde genutzt, und seine zuweilen vollkommene Klarheit hat ihm seinen Namen eingetragen (kristallos = griech. »Eis«). Der Bergkristall ist ein universeller Heilstein. Er wirkt auf den gesamten Körper und gilt auch als Verstärker für andere Steine. Damit ist er der ideale Stein für das siebte Chakra.

Bergkristall

AFFIRMATION

»Der Bergkristall fördert meine Erkenntnis, ein spirituelles Wesen zu sein. Das Licht, das durch ihn fließt, beleuchtet alle Winkel meines Seins. Mit ihm erkenne ich meine Aufgaben und habe die Kraft, sie umzusetzen. Mit ihm heile ich. Er stärkt und schützt mein siebtes Chakra, und dafür danke ich ihm und allen Wesen, die unterstützend mitwirken. So sei es.«

In den letzten Jahren kam eine unüberschaubare Vielfalt an Chakraschmuck auf den Markt. Ob in Silber eingefasste oder gebohrte Edelsteine in der Anordnung der Regenbogenfarben, es ist für jeden Anlass etwas dabei. Dieser Chakraschmuck beinhaltet zumeist alle sieben Steinsorten, die den verschiedenen Energiezentren zugeordnet sind, und wirkt somit allgemein stärkend auf seinen Träger. Sie können natürlich auch einen einzelnen Edelstein vorziehen, um genau jenes Chakra zu stärken und zu schützen, dessen Energiefluss gerade gedrosselt oder blockiert ist.

Mit den vorangegangenen Chakrabeschreibungen haben Sie einen Überblick erhalten, welche Merkmale ein gesundes Chakra hat bzw. welche Störungen ihm zuzuordnen sind. Vielleicht wissen Sie selbst sehr genau, welches Ihrer Chakras im Speziellen gestärkt werden könnte. In diesem Fall rate ich dazu, den entsprechenden Stein drei Wochen lang täglich zu tragen und die Affirmation jeden Morgen zu erneuern. Sinnvoll ist auch, das Chakra noch mit weiteren Maßnahmen (z. B. der Ernährung) zu unterstützen. Falls Sie zum Austesten der Chakras gern Hilfe in Anspruch nehmen wollen, gibt es Heiler, Heilpraktiker und Ärzte, die dies für Sie tun können. Informieren Sie sich über das Angebot in Ihrer Region.

Dritter Schritt: Agenda der angenehmen Dinge oder mehr Gelassenheit mit dem Bernstein

Neben der Entspannung und dem Schutz der Chakras halte ich angenehme Dinge für einen weiteren ganz wichtigen Faktor auf dem Weg zu einer natürlichen Schutzbasis. Um sie ins tägliche Leben zu holen, könnte die »Agenda der angenehmen Dinge« hilfreich sein. Dies ist eine Liste, auf der Sie jene Dinge notieren können, die Sie gern schon lange einmal tun wollten oder die Sie immer dann tun, wenn Ihnen etwas Angenehmes und Schönes in Ihrem Leben fehlt. Das kann ein Gespräch mit einer Freundin sein, die Hunderte Kilometer weit weg wohnt, das kann aber auch ein Kleid sein, das Sie für den Sommer umnähen wollten. Oder Sie gönnen sich einen Wellnessnachmittag mit allen Extras. Ich führe eine solche Liste seit meiner Jugend, und ich liebe sie. Mir fällt immer etwas Neues ein, was ich darauf vermerken kann. Natürlich werde ich einiges davon gar nicht machen, aber das ist irrelevant. Wichtig ist, dass es die Liste gibt und dass sie schöne Dinge enthält.

Sollte der Stress sich allerdings einmal so sehr mehren, dass ich diese lebendige Agenda lange Zeit nicht in die Hand nehmen kann, weiß ich, dass es Zeit für den Bernstein ist:

Der Bernstein ist organischen Ursprungs und somit kein Mineral. Es handelt sich bei ihm um versteinertes Baumharz, das mehr als eine Million Jahre alt ist. Das flüssige Harz eines Baumes hat die Aufgabe, ihn dort zu schützen, wo seine Rinde aufgerissen und somit sein Schutzschild beschädigt ist. Heute kann der Bernstein uns nicht nur bei der Wundheilung helfen, sondern er

Bernstein

verleiht uns auch auf feinstofflicher Ebene eine schützende, heilende Hülle. Er gilt als Stein, der Leichtigkeit und Lebensfreude in hohem Maße vermitteln kann. Gerade wenn es darum geht, mit einer fröhlichen Gelassenheit durch den Tag zu gehen, flexibel zu bleiben und kreative Ideen einzuflechten, ist der Bernstein die beste Wahl.

Im Handel bekommen Sie Bernstein als Schmuck, als angeschliffene Stücke oder in Rohform. Sehr praktisch für den täglichen Gebrauch ist ein Armband oder ein gebohrtes Stück, das Sie mit einem Band um den Hals tragen können.

Der persönliche Schutz

Freunde und Familie

Anders als in der Öffentlichkeit oder auf der Arbeitsstelle haben wir es im privaten Kreis mit Menschen zu tun, mit denen wir uns verbunden fühlen – sei es durch dieselbe Herkunft innerhalb der Familie oder durch gleiche Interessen bei engen Freunden. Wir lassen sie näher an unser Herz heran. Wir haben weniger Geheimnisse vor ihnen, teilen uns ihnen mehr mit und lassen sie in unsere private Sphäre hinein. Und auch wir wissen viel von den Menschen in unserem Kreis. Wir vertrauen ihnen, genauso wie sie uns vertrauen.

Menschen, die sich nahestehen, kennen nicht nur die Vorlieben und Verhaltensweisen des jeweils anderen, sondern wissen auch, wie es um die persönlichen Finanzen bestellt ist, wie es in der Partnerschaft läuft, worin er gut ist und wo seine Schwächen liegen. Dieses Wissen macht uns jedoch auch angreifbarer, es macht verwundbar. Sollte es also mit einer geliebten Person einmal zum Streit oder gar zum Bruch kommen, wird dieses Vertrauen auf eine harte Probe gestellt. Was ist, wenn unser Gegenüber von unversöhnlichem Zorn durchdrungen ist und das Gefühl hat, noch »offene Rechnungen« mit uns begleichen zu müssen? Was wird er mit dem Wissen, das er hat, tun? Tröstlicherweise schrauben sich solche Streitereien selten übermäßig hoch, aber jeder weiß, dass Verletzungen umso mehr schmerzen, je tiefer die Gefühle zueinander sind.

Bei all den Ängsten, die bei solchen Überlegungen hochkommen, sollten wir uns eine Sache immer klar vor Augen halten: Kein Mensch tut im Zweifelsfall nur »Gutes« oder nur »Schlechtes«, falls man sich überhaupt in diesen Kategorien bewegen möchte. Bei den meisten Unstimmigkeiten handelt es sich um eine Wechselwirkung zweier oder mehrerer Charaktere. Ein Mensch von großer Zurückhaltung fördert automatisch die Dominanz seines Gegenübers, eine Person mit ausgeprägtem Sinn für Sauberkeit unterstützt ungeahnt die Bequemlichkeit der anderen Mitbewohner. Manchmal genügt schon ein völlig anderer Biorhythmus, um Spannungen hervorzurufen, weil der eine nicht verstehen kann, warum der andere bis nachts um drei in der Wohnung rumort, während er selbst jener Person morgens das Ausschlafen unmöglich macht. Keiner kann die richtige Handlungsweise nur für sich gutschreiben, es gibt immer zwei Seiten der Medaille. Glücklicherweise tragen all diese Tatsachen auch gleichzeitig Chancen, ja, sogar Lösungen in sich. Mit einem positiven Denkansatz erkennen wir die eigene sowie die gegnerische Position, ihre guten wie schwierigen Faktoren, wir verstehen die Wechselwirkungen und können überlegen, was zu tun ist. Und nicht zu vergessen: Nicht die Unterschiede, sondern die Gemeinsamkeiten sind wichtig. Mit den folgenden Steinen schaffen Sie sich ein sicheres Fundament für Ihre sozialen Bindungen.

Gemeinschaftssinn

Wahre Meister für Gemeinschaftssinn sind im Mineralreich Karneol, Koralle und Opalith.

Der Karneol stärkt das Miteinander und hilft, mit Tatkraft und guter Laune vorhandene Probleme anzupacken und zu lösen.

Die Koralle stärkt das soziale Gefühl in der Gemeinschaft und fördert dadurch den Zusammenhalt, wobei sie gleichzeitig hilft, die eigene Individualität zu leben.

Der Opalith vermittelt die Freude an der Gemeinschaft und den Mut zum Austausch mit seinen Mitmenschen.

Am Körper getragen wirken diese Steine am besten. Jeden davon erhalten Sie im Handel als Trommelstein sowie in diversen Schmuckformen.

AFFIRMATION

»Der/Die (Name des Steins) unterstützt mich bei der Förderung des Gemeinschaftssinns zwischen mir und meiner Familie/meinen Mitbewohnern. Er/Sie verhilft mir und meinen Lieben zu mehr Verständnis und Freude am Miteinander.
Ich danke der universellen Kraft und den persönlichen Engeln für ihre Hilfe. So sei es.«

Kommunikation

Ein weiterer Schritt ist die verbale Verständigung. Damit meine ich nicht die täglichen, sich in ewiger Schleife wiederholenden Dialoge, sondern das zuvor nie getraute, neue und klare Wort. Viele wissen sehr genau, was sie schon immer einmal sagen wollten, haben es aber aus Angst vor Unstimmigkeiten vermieden. Was würde passieren, wenn Sie sich selbst und den anderen gegenüber offen Ihre Wünsche kundtun würden?
Bei solch einem Vorhaben ist es in jedem Fall von Vorteil, zunächst der eigenen Seele ausreichend Schutz zu gewähren. Dann gilt es, das Schweigen zu überwinden – und damit meine ich nicht diese quälenden Sitzungen, die in der Regel mit den Worten »Wir müssen reden!« beginnen. Ich rate Ihnen stattdessen, sich selbst und Ihren Mitmenschen gegenüber ehrlicher zu sein. Dadurch werden Sie sowohl anders agieren als auch reagieren, Ihre Forderungen oder Antworten werden sich auf ganz natürliche Weise ins Positive verändern. Doch das ist leichter gesagt als getan.

Mit dem Chalcedon wählen Sie den ersten Stein auf dem Weg zu einer besseren Kommunikation. Er vermittelt die nötige Leichtigkeit im Umgang mit Menschen und Sprache und stellt auf diese Weise die Verbindung zwischen Kontaktfreude und Verständigung her.

Verstehen und verstanden werden sind die Grundthemen des Flints, der im Volksmund auch Feuerstein genannt wird. Mit ihm springt sozusagen der Funke über. Gleichzeitig sorgt er für ein ausgeglichenes Gemüt, was für eine friedliche Kommunikation von Vorteil sein kann.

Der Lapislazuli, der zuweilen auch Stein der Wahrheit genannt wird, hilft auch bei unangenehmen Themen, seinen Ansichten treu zu bleiben und gleichzeitig die der anderen verstehen zu lernen. Durch ihn gelingt es, ruhig und dennoch konsequent zu bleiben.

Die Steine für die Kommunikation entfalten ihre Wirkung am besten, wenn sie am Hals getragen werden. Den Flint gibt es oft nur als Trommelstein. Um seine Energie dennoch zu nutzen, können Sie ihn ins tägliche Trinkwasser legen.

AFFIRMATION

»Der (Name des Steins) wird helfen, dass eine Verständnis aufbauende Kommunikation in der Gemeinschaft stattfindet. Er begleitet mich und zeigt mir, was ich dafür tun kann. Mit ihm fallen die richtigen Worte leicht. Ich danke der universellen Kraft und meinen persönlichen Engeln für ihre Hilfe. So sei es.«

Privatsphäre

Beinahe noch schwieriger als sich anzunähern ist es, einen gesunden Abstand zu wahren. Sehr viel Kraft erfordern jene Personen, die wir zwar lieben, die uns aber so sehr beanspruchen, dass uns beinahe die Luft wegbleibt. Wir alle haben das Recht auf unser eigenes Leben, auf unsere ganz private Sphäre, auf unser Rückzugsgebiet, seelisch wie auch räumlich.

Um dieses Recht geltend zu machen, kann uns der Magnetit von großer Hilfe sein, denn er lenkt unser Bewusstsein auf jene Ideale, auf die wir unser Leben ausrichten möchten. Er hilft uns, zu erkennen, was wir wirklich brauchen. Dadurch wird es uns leichter fallen, dies auch anderen klarzumachen und den Respekt dafür einzufordern.

Mit dem Schneequarz können wir unsere verborgenen Anlagen und Ideale weiter fördern und entwickeln. Durch seine reine und neutrale Ausstrahlung regt er uns zum Rückzug an, um in Meditation zu gehen und zu uns zu finden.

Den Magnetit erhalten Sie im Handel hauptsächlich als Roh- oder Trommelstein. Am wirkungsvollsten ist er als Oktaeder, seine natürliche Kristallform. Um die sanfte Wirkung des Schneequarzes optimal weiterzuleiten, eignet sich ein Donut oder eine Pi-Scheibe, da diese Form eine große Auflagefläche auf der Haut gewährleistet.

AFFIRMATION

»Der (Name des Steins) hilft mir, zu mir selbst zu stehen.
Ich ziehe mich zurück, wenn dies notwendig ist,
und gehe meinen Wünschen nach, wenn ich es brauche.
Ich habe meinen ganz persönlichen Platz in der Gemeinschaft,
der von den anderen respektiert wird.
Habt Dank, liebe Helfer, dass ihr da seid
und mir beisteht. So sei es.«

Verstehen der Zusammenhänge

Meist ist mit den zuvor genannten Maßnahmen der Frieden zwischen den Parteien wiederhergestellt, doch um ihn auf Dauer zu sichern, ist ein letzter Schritt auf dem Weg zueinander unumgänglich: das Verstehen der Ursachen und Wirkungen, der kosmischen Ordnung.

Der Smaragd verleiht uns einen klaren Blick auf die Welt. Mit ihm können wir die Zusammenhänge unseres Lebens im Großen wie im Kleinen erkennen und die Entstehung seiner Muster nachvollziehen. Damit wächst ein neues, heilendes Verständnis für das, was uns umgibt.

Der Tektit, eine durch Meteoriteneinschlag entstandene Gesteinsschmelze, vermittelt die Erkenntnis eines höheren Seins, da dieser Stein – wie alle außerirdischen Objekte – die Information über die Größe des Universums in sich trägt. Er schützt vor kleinmütigem Denken sowie vor entsprechenden Energien anderer Menschen.

Die wirkungsvollsten Smaragde kommen in Schmuckform auf den Markt. Versichern Sie sich beim Kauf ihrer Echtheit. Der Tektit ist in roher Form und als Trommelstein erhältlich, den Sie bequem in der Hosentasche mit sich führen können. Inzwischen gibt es davon auch gebohrte Steine zum Um- und Anhängen.

AFFIRMATION

»Der (Name des Steins) hilft mir und meinen Lieben beim Verstehen der Zusammenhänge in unserer Gemeinschaft. Was immer ich erkenne, nehme ich mit Liebe an und handle danach in bester Absicht für alle. Wir alle sind Teil der höheren Ordnung. Ich danke dem großen Geist und allen persönlichen Helfern für meine Erkenntnis. So sei es.«

Liebe – die engste Verbindung

Rhodochrosit

Wie Ernst Thälmann sagte: »Ein Leben ohne Liebe ist wie ein Himmel ohne Sterne.« Viele Sinnsprüche beschreiben, wie wichtig die Liebe in unserem Leben ist. Sie ist in der Lage, zu heilen, zu lehren und zu stärken. Durch sie können wir Berge versetzen und Ozeane überwinden. Sie erzeugt immens starke Gefühle in uns, die auf allen Ebenen ihre Auswirkung haben können. Damit diese Auswirkungen positiv bleiben, lernen wir, gut mit unseren Gefühlen umzugehen, sie zu beherrschen und zu steuern, wo es nötig ist. Werte wie Toleranz, Mitgefühl und Achtsamkeit entwickeln sich daraus und verhelfen zu einer harmonischen Partnerschaft.

Unterstützend wirkt hier der Rhodochrosit. Er fördert die positive Stimmung, macht aktiv und leidenschaftlich. Er ist der richtige Stein für ein optimales Maß an Intuition und Inspiration für die gemeinsamen Ziele.

AFFIRMATION

»Meine Liebe zu (Name des Partners/der Partnerin) ist ehrlich, intensiv und freudvoll. Wir haben immer wieder neue Ideen, einander glücklich zu machen, und die Tatkraft, dies weiterhin zu tun. Der Rhodochrosit und die Helfer auf allen Ebenen unterstützen uns dabei. Danke dafür. So sei es.«

Dennoch kennt jeder auch Verlustängste und das, was sie anrichten können. Auch mit ihnen müssen wir lernen umzugehen. Und sollte tatsächlich einmal ein Verlust eintreten und Liebeskummer folgen, ist auch dies eine wahrhaft starke Emotion. Maßnahmen zur Selbsthilfe wären hierbei die Rückbesinnung auf andere Werte, die man vielleicht in letzter Zeit vernachlässigt hat, unterstützende Bücher lesen und Freunde besuchen. Wenn sich der Kummer besonders hartnäckig hält, kann auch eine Therapie hilfreich sein.

In jedem Fall und zu jeder Zeit können Ihnen auch die Edelsteine helfen. Empfehlenswert ist der Rosenquarz. Er gewährleistet die Rückverbindung zur universellen Liebe, gibt damit die Liebe zu sich selbst und das Wahrnehmen von Geliebt-Sein zurück, schenkt inneren Frieden und ein sanftes Geborgenheitsgefühl.

Ein starker Seelentröster ist der Rhodonit. Er mildert Liebeskummer und seelische Verletzungen und kann erste Hilfe leisten, wenn der innere Schmerz überhandnimmt. Länger getragen hilft er auch, sich selbst und den Anderen besser zu verstehen.

AFFIRMATION

»Der (Name des Steins) gibt meiner Seele Balsam und meinem Herzen Frieden. Er verleiht mir die Kraft, mein Leben zuversichtlich, vertrauensvoll und mit frischem Mut neu zu gestalten. Danke an alle Wesenheiten für ihre Hilfe. So sei es.«

Schwangerschaft

Eine Schwangerschaft ist immer eine besonders intensiv erlebte Zeit. Die Hormone stellen sich um, wodurch Körper und Gemüt gleichermaßen Achterbahn fahren. Während der ersten Monate muss sich die werdende Mutter noch mit vielen anderen Dingen beschäftigen, doch in gleichem Maße, in dem sich das Baby in ihrem Bauch entwickelt, wachsen auch die Verbindung und die Zuneigung zu ihm. Auch äußerlich verändert sich viel. Die Familie stellt sich auf den neuen Erdenbürger ein, das Zimmer für das Baby wird hergerichtet und es ist immer wieder Thema Nummer eins. Von allen Seiten kommen nun gute Wünsche und kleine Geschenke für Mutter und Kind. Die Schwangerschaft ist eine Zeit großer Veränderungen, die uns in aller Regel enger mit dem menschlichen Ursprung verbindet. Intuition wird wichtiger als Ratschläge von außen, Gefühl wichtiger als Kalkül. Auch das Bedürfnis nach Schutz wird in dieser Zeit größer.

Als Schützer und Begleiter für die Schwangerschaft sowie die Zeit danach ist der Mondstein sehr gut geeignet. Er unterstützt den weiblichen Hormonhaushalt und steht für Intuition und Einfühlungsvermögen.

Zur Stärkung und Gesunderhaltung von Mutter und Kind trägt der rote Jaspis bei. Er kräftigt die Geschlechtsorgane und wirkt anregend auf den Energiefluss.

Bei Mondstein sowie bei rotem Jaspis gibt es eine Vielzahl von gebohrten Formen. Auf ein Schmuckband gefädelt können Sie beide gleichzeitig nutzen.

AFFIRMATION

»Der (Name des Steins) schützt mich und mein ungeborenes Kind. Er führt uns sicher durch die Zeit der Schwangerschaft und den Vorgang der Geburt. Er schenkt uns Gesundheit und Kraft auf allen Ebenen. Mit Zuversicht und Freude gehe ich diesen Weg. Alles ist gut. Ich danke allen Helfern auf der geistigen Ebene für ihren unermüdlichen Einsatz. So sei es.«

Kinder

Ammonit

Das Bedürfnis, seine Kinder zu schützen, ist natürlich, sie mit Vertrauen in den Kindergarten oder in die Schule zu geben auch. Trotzdem kann es uns ein gutes Gefühl verleihen, dem Kind noch einen schützenden, stärkenden Begleiter in Form eines Edelsteins mit auf den Weg zu geben.

Für ein Kind ist die Welt unendlich groß. Und für das, was darin geschieht, sieht es sich allein als Absender und Empfänger. Das heißt, dass das Kind bei allem, was es erfährt und fühlt, annimmt, dass es mit seiner eigenen Person zu tun hat. So denkt es folglich, es würde nicht mehr richtig geliebt, wenn beispielsweise die Eltern ihre Aufmerksamkeit zwischen ihm und einem neuen Geschwisterchen teilen müssen. Ebenso leicht kann es sich mitschuldig an einem Streit zwischen engen Bezugspersonen fühlen, im schlimmsten Fall übernimmt es sogar Verantwortungen für das Verhalten anderer, was es natürlich komplett überfordert. In einem kindlichen Gemüt werden selbst leichte seelische Belastungen zu imaginären Monstern, die in Schränken, unter dem Bett oder auch im Freien lauern können und es bedrohen. Für ein Kind ist das Gefühl der schützenden Hülle, wie es ihm der Mutterleib vermittelte, noch sehr nah. Aus diesem Grund kauern sich Kinder auch häufig zusammen, wenn sie Geborgenheit brauchen.

Als wirkungsvolle Begleiter für Kinder, die ein ausgeprägtes Bedürfnis nach Schutz zeigen, haben sich Ammoniten bewährt. Sie vermitteln der Kinderseele ein warmes Gefühl von Geborgenheit wie im Mutterleib.

Kinder entwickeln sich besonders vorteilhaft, wenn sie ein gesundes Maß an Liebe bekommen, sowohl vom Vater als auch von der Mutter. Für die meisten Paare beginnt mit dem Elterndasein ein Spagat zwischen Job, Haushalt und Kind, bei dem Zeit zum wertvollsten Gut wird. Natürlich weiß das kindliche Gemüt nichts von Pflichten und Alltagszwängen, die einen Überschwang an Liebesbezeugungen unmöglich machen. Dann kann es sehr schnell passieren, dass die Aufgaben, die von den Eltern an das Kind gestellt werden, bedrohlich auf es wirken. Hier hilft der Rosenquarz als zusätzlicher Liebesspender sehr gut. Er vermittelt dem Kind, ein geliebtes Wesen zu sein. Es spürt dann auf natürliche Weise ein liebevolles Eingebundensein in seine Welt. Dadurch wirkt der Rosenquarz beruhigend auf die Seele und schützend wie eine mütterliche Umarmung.

Es gibt Phasen im Leben eines Kindes, in dem es Ängste entwickelt, die für Erwachsene irrational erscheinen. Da sitzt ein Krokodil im Schrank oder die Nacht hat Augen. Die Ursachen dieser Ängste sind vielschichtig. Sie können eine Reaktion auf familiäre Probleme sein oder nur die Verarbeitung eines geistigen Entwicklungsschubes. Wenn die Ängste sehr heftig sind oder lange anhalten, lassen Sie diese durch einen Facharzt abklären.

Darüber hinaus können Sie Ihr Kind mit dem Amethyst bei der Bewältigung seiner Ängste unterstützen. Der Amethyst reinigt und klärt die Gedanken. Er ist in der Lage, negative Schwingungen umzuwandeln, sie zu transformieren und aufzulösen. Er hilft dem Kind, die belastenden Gedanken loszulassen und sich einen schützenden Rahmen vorzustellen. Der Amethyst wirkt sanft und beruhigend und ist daher sehr gut als Stein für die Nacht geeignet. Bei längerem Einsatz können sich die Angstsymptome deutlich verringern.

Ein weiterer Schutzstein gegen Ängste ist der Aventurin. Er lässt die Sorgen verblassen und schenkt neues Vertrauen in sich und in die Welt. Er beruhigt und hilft beim Einschlafen.

Schutz durch Abgrenzung verleiht der Fuchsit. Er wirkt wie ein Schirm und ist in der Lage, Druck von außen abzupuffern, sodass beängstigende Gefühle gar nicht erst entstehen. Wie der Aventurin spricht der Fuchsit vor allem das Herz an, ist also geeignet, wenn sich die Kinder Dinge zu sehr zu Herzen nehmen.

Auch der Türkis vermittelt Schutz durch Abgrenzung, wobei dieser Stein noch dazu eine gewisse Leichtigkeit weitergibt, also besonders gut für Kinder geeignet ist, die eine – für die kindliche Seele untypische – Schwere in sich tragen.

In der Schulzeit müssen sich Kinder neuen Herausforderungen stellen. Hier gilt es, still zu sitzen und das zu tun, was der Lehrer – eine zunächst wildfremde Person – sagt. Dazu kommen die neuen geistigen Anforderungen sowie die Konfrontation mit den Mitschülern. Und nicht zuletzt gilt die Schule als eine »Tauschbörse« für Keime aller Art. Damit das Kind diesen neuen Bedingungen rundum geschützt begegnen kann, geben Sie ihm neben den üblichen Vorkehrungen einen Bandachat mit. Dieser Stein ist dem Kind in vielerlei Hinsicht ein guter Begleiter in der Schule. Er wirkt zentrierend und stabilisierend. Mit ihm fällt es leichter, die langen Schulstunden ruhig und diszipliniert durchzuhalten. Seine nach innen meist klarer werdende Signatur symbolisiert die Klarheit des Geistes und somit die Fähigkeit zur Konzentration. Der Bandachat gleicht durch seine mehrfach ineinander gelegten Ringe schon allein optisch einer Festung mit schützenden Mauern. Er schützt seinen Träger sowohl vor geistigen als auch vor seelischen Übergriffen und stärkt zusätzlich sein Immunsystem gegen die typischen Krankheitserreger.

Zum ständigen Tragen eignen sich die genannten Steine in einer der vielen Schmuckformen, in der diese erhältlich sind. Bei einem kleineren Kind können Sie einen Anhänger auch ans Bett hängen. Den Rosenquarz, Amethyst, Aventurin und Fuchsit erhalten Sie aber auch als Rohstein für zu Hause. Den Bandachat gibt es in schönen geschliffenen Formen fürs Schmuckband. Dies kann sich Ihr Kind umhängen oder in der Hosentasche mit sich führen.

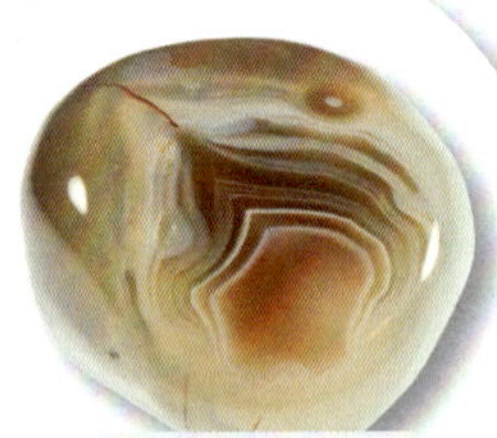
Bandachat

Kinder haben in der Regel ein sehr gutes Gespür für Edelsteine. Beziehen Sie deshalb Ihr Kind in die Wahl seines Schutzsteins mit ein. Legen Sie ihm hierzu drei der für Kinder geeigneten Schutzsteine vor, und fragen Sie Ihr Kind, welchen es für den gewünschten Zweck nehmen möchte.

AFFIRMATION

»Der (Name des Steins) begleitet mein Kind durch den Tag und schützt es. Er gibt ihm Kraft und Vertrauen in die Welt, mit ihm kann es seine kleinen Aufgaben mit Freude und Stolz meistern. Sein Leben bleibt sicher, und sein Gemüt ist leicht und beschwingt.
Danke an alle Helfer und Schutzengel, die für mein Kind und somit auch für mich da sind. So sei es.«

AFFIRMATION FÜR KINDER

»Der (Name des Steins) ist immer für mich da.
Mit ihm geht alles gut, denn er schützt mich und gibt mir Kraft.
Das macht mich glücklich.
Danke an ihn und an alle meine Schutzengel.
So sei es.«

Gesundheit

Gesundheit ist ein großes Thema. Deshalb möchte ich mich hier auf die allgemeine Verfassung des Körpers beschränken und nur einige, fast jedem bekannte Zustände herausgreifen.

Wir alle gehen täglich durch kleine Hochs und Tiefs. Um dem Körper allzu viele Tiefs zu ersparen, ist die Stärkung des Immunsystems von zentraler Bedeutung. Dieses schützt uns vor schädlichen Bakterien und Viren ebenso wie vor freien Radikalen und anderen Stoffen, die dem Organismus schaden könnten. Mit einem starken Immunsystem sind wir vor Erkältungen, Entzündungen und anderen Faktoren besser geschützt und der Körper kann sich nach Belastungen schneller wieder erholen.

Es gibt eine Vielzahl von Steinen, die hier Anwendung finden können.

Baumachat baut die Widerstandskraft des eigenen Körpers auf, verleiht Stärke und Stabilität.

Schungit hilft, Freie Radikale aus dem Körper zu leiten und wirkt aufbauend auf den gesamten Organismus.

Smaragd unterstützt das Immunsystem, indem er die Entgiftungsstationen Leber, Milz und Niere stärkt.

AFFIRMATION

»Der (Name des Steins) hilft mir bei der Stärkung meines Immunsystems. Mein Körper ist und bleibt kraftvoll und gesund. Danke an die Helfer auf materieller und feinstofflicher Ebene. So sei es.«

Kopf-, Regel- und Gliederschmerzen

Sie sind ein Hilferuf des Körpers, ein Warnsignal, das anzeigt, dass etwas nicht in Ordnung ist. Bei einigen Schmerzen, wie Kopfweh, Regelschmerzen oder rheumatischen Symptomen sind die Ursachen schwer auszumachen und, selbst wenn sie gefunden sind, ebenso schwer abzustellen. Um bis dahin nicht immer Tabletten nehmen zu müssen, gibt es Methoden und Maßnahmen wie Entspannungsübungen, Ernährungsumstellung, Hypnosetherapien und vieles mehr. Doch auch die Steinheilkunde kann hier mit besonderen Schätzen ihren Beitrag leisten.

Die bekanntesten Schmerztherapeuten unter den Steinen sind wahrscheinlich Amethyst und Rauchquarz. Beide lösen körperliche wie seelische Spannungen und können auf diese Weise die dadurch verursachten Schmerzen mindern.

Der Labradorit ist bei rheumatischen Erkrankungen sehr effizient. Er hilft der Niere beim Entsäuern und ist in der Lage, Lücken in der Aura zu schließen, also da zu wirken, wo es gerade nötig ist.

Der Malachit kann überall eingesetzt werden, wenn es darum geht, krampfartige Schmerzen zu lösen. Auch er wirkt entgiftend und entsäuernd.

AFFIRMATION

»Der (Name des Steins) zeigt meinem Körper und auch meinem Geist den Weg zu Entspannung und Wohlbefinden. Er schenkt ihm Erholung, gibt ihm das Gefühl von Gesundheit zurück und hilft ihm, es zu behalten.
Habt Dank, ihr Helfer auf allen Ebenen. So sei es.«

Seelenschmerz: tägliche Ängste, Anspannungen, Sorgen

Bergkristall

Obwohl wir heutzutage in einer Welt leben, die einen hohen Standard an Sicherheit und Reglements aufweist, sind die Ängste und Sorgen nicht weniger geworden. Die täglichen Belastungen sind hoch und dauern lange an. Bevor wir richtig in die Entspannung gehen können, kommen neue hinzu. Das kann schon manchmal schwer am Nervenkostüm zerren. Auch hier gibt es allerlei Hilfestellungen, die das Leben wieder sonniger machen.

Bei diesen und ähnlichen psychischen Herausforderungen empfehle ich immer wieder den Bergkristall. Seine Grundthemen Licht, Kraft und Klarheit gewährleisten optimale Hilfe. Licht im Sinne von positiver Grundstimmung und der Fähigkeit, die Dinge von anderen Seiten zu beleuchten. Dadurch gewinnen wir die Klarheit über Ursache und Wirkung. Als klassischer Kraftüberträger und -verstärker ist er in der Lage, uns selbst aus größeren Krisen herauszuhelfen.

AFFIRMATION

*»Der Bergkristall schenkt mir das Licht und die Freude,
die mir helfen, die guten Seiten des Lebens zu erkennen,
die Kraft, sie zu nutzen und aufzubauen, sowie die Klarheit,
um mich zu jeder Zeit auf das Wesentliche auszurichten.
Danke an meine Unterstützer auf der höheren Ebene.
So sei es.«*

Beruf

Im Beruf setzen wir handwerkliches oder geistiges Können ein und beziehen dafür Gehalt, mit dem wir unser Leben finanzieren. Solange der tägliche Gang zur Arbeitsstelle von Freude und Energie geprägt ist, denkt kaum ein Mensch daran, sich zu schützen. Dennoch ist es enorm wichtig, seine Fähigkeiten lange Zeit zu erhalten.

Wir Menschen sind Wesen mit einem ungeheuer großen Spektrum an Fähigkeiten. Durch die Entwicklung, die unser Gehirn im Lauf der Evolution vollzogen hat, ist es uns möglich, weit über die lebenserhaltenden Anlagen hinaus und kreativ und schöpferisch an Aufgaben heranzugehen. Aus diesem Grund können unsere Hände nicht nur greifen, sondern schreiben, ein Musikinstrument spielen oder technische Teile montieren, unser Mund kann nicht nur essen und brüllen, sondern komplizierte Worte und Sätze formulieren und natürlich auch singen. Die Beispiele ließen sich beliebig fortsetzen. Solange wir mit gesunder Nahrung und Bewegung unseren Körper fit halten, den Geist trainieren und der Seele Aufmerksamkeit zuwenden, also das Leben vielfältig und abwechslungsreich gestalten, haben wir beste Voraussetzungen geschaffen, um gesund zu bleiben. Ein Blick auf die einzelnen Berufszweige zeigt allerdings, dass bei vielen Tätigkeiten einseitige Belastungen vorherrschen. Büroangestellte sitzen während der gesamten Arbeitszeit und blicken auf den Mo-

nitor, Verkäuferinnen stehen über viele Stunden hinweg, und einige andere Berufsgruppen haben jeden Tag mit Emissionen zu kämpfen. Um diese einseitigen Belastungen etwas zu mildern, können Sie mit dem passenden Edelstein und einem guten Ausgleichsprogramm in der Freizeit die Belastungen reduzieren und Spätfolgen vermeiden.

Im Büro

Um gute Leistungen bei der Arbeit bringen zu können, ist ein ungestörter Raum nötig, der Ihre Konzentration fördert, ungebetene Störungen fernhält und motivierend wirkt.
Oft haben Büroräume eine hohe Belastung an Elektrosmog durch die vielen Geräte, die Sie zum Arbeiten benötigen. Dazu gehören Rechner, Kopierer, Telefon etc. Sogar Lichtquellen wie Neonleuchten und Energiesparlampen produzieren eine Menge Elektrosmog, laut Studien (IBN) sogar mehr, als an Computerbildschirmen zulässig ist. Dazu kommen die Belastungen für die Augen durch unentwegtes Schauen auf den Monitor, ebenso wie die Anstrengung für den Rücken durch das lange Sitzen. Trotzdem ist der psychische Stress bei Büroarbeit noch einmal deutlich höher als der körperliche, wodurch sich Stresssymptome bemerkbar machen können, wie Kopfschmerzen und Magenprobleme.

Die Wirkung der Steine gegen Elektrosmog, Ammonit, Rosenquarz, Schörl, Schungit und Tektit, können Sie auf S. 100 im Kapitel »Umzug/Einzug« nachlesen.

Für die Stärkung der Augen empfehle ich einen Aquamarin oder einen anderen klaren Beryll. Legen Sie zwei flache Stücke des Aquamarins oder ein Steinkissen mit einer Füllung von Beryllsteinchen nach Beendigung der Arbeit oder auch mal zwischendurch für zehn Minuten auf die Augen, damit sie sich erholen können. Als angenehmer »Nebeneffekt« hilft er bei der Arbeit gegen Antriebslosigkeit und fördert Bedachtsamkeit.

Der Girasol löst Verspannungen, vor allem jene, die von zu langen, gewohnheitsmäßigen Fehlhaltungen kommen.

Der Rauchquarz hilft bei Verspannungen und bei Stresssymptomen verschiedener Art. Auf diese Weise kann er Spannungskopfschmerzen, Magenbeschwerden und Rückenschmerzen lindern.

Die Steine gegen Elektrosmog erfüllen ihre Aufgabe am besten direkt an seiner Quelle, also bei den Geräten. Legen oder hängen Sie 200 bis 300 Gramm davon zu den betreffenden Stellen. Gegen die Stresssymptome ist ein großer Handschmeichler auf dem Schreibtisch sehr praktisch. Ihn können Sie zwischendurch in die Hand nehmen oder auch auf die beanspruchten Körperstellen legen.

Feinstaub und Gifte

Bei Arbeitsplätzen mit Belastungen durch Feinstaub, Gifte und kontaminierte Stoffe empfehle ich den Chrysopras. Er ist ein Stein mit stark entgiftender Wirkung, auf die schon Hildegard von Bingen verwiesen hat. Man sagt, er könne sogar Schwermetalle ausschwemmen.

Ein weiterer guter Giftlöser unter den Edelsteinen ist der Peridot. Er hilft, Gifte aus dem Körper zu transportieren, indem er Leber und Galle stärkt.

Auch der Magnesit ist in der Lage, Gifte zu lösen, vor allem jene, die im Körperfett gebunden sind.

Belastung von Gelenken, Sehnen und Wirbelsäule

Wenn Sie bei Ihrer Arbeit durch Stehen oder andere Tätigkeiten einer besonderen Belastung von Gelenken, Sehnen und der Wirbelsäule ausgesetzt sind, ist es ratsam, einen Apatit bei sich zu haben. Er stärkt die Gelenke, indem er die Neubildung von Zellen im Bereich von Sehnen und Knochen unterstützt. So hält er sie beweglich und geschmeidig.

Der Calcit unterstützt die tragenden Elemente im Körper und verbessert deren Konstitution.

Bei Gelenkbeschwerden sowie Muskelverhärtungen und Sehnenentzündungen hilft der Kunzit. Er wird auch bei Rückenschmerzen und Ischias eingesetzt.

Verschobener Biorhythmus

Es gibt Berufe, in denen man in der Nacht oder rund um die Uhr Einsatz zeigen muss. Bäcker, Zeitungsausträger, Rettungskräfte und Mitarbeiter in Krankenhäusern kennen die Probleme, die ein durcheinandergeratener Biorhythmus mit sich bringt. Oft haben die Verschiebungen im Tag-Nacht-Rhythmus Schlafstörungen, Nervosität und Abgeschlagenheit zur Folge.

Hier hilft Ihnen der Bronzit. Er belebt – ohne aufzuputschen – bei der Arbeit und bringt Ihnen Ruhe und gute Erholung in den Entspannungsphasen. Sie fühlen sich also wach und aktiv, wenn es nötig ist, bleiben dabei aber entspannt und können sich auch nach anstrengenden Stunden umfassend regenerieren. Darüber hinaus wirkt er ausgleichend und stärkt die Nerven. Auch für junge Eltern ist er damit genau der richtige Stein.

Der Heliotrop belebt bei Übermüdung und verleiht Nervenstärke bei Überreizung. Darüber hinaus hilft er bei der Abwehr von unerwünschten Einflüssen.

Der Selenit verleiht Ihnen innere Stabilität. Dabei reicht es aus, wenn Sie ihn mehrmals am Tag für eine Minute in die Hand nehmen oder ihn in Ihre Nähe legen.

Seelische Belastungen

Lehrer in Schulen, Betreuer in sozialen Einrichtungen oder gar Beamte im Strafvollzug sind zuweilen starken seelischen Belastungen ausgesetzt. Sie müssen täglich mit Angriffen auf ihre Person rechnen, während sie gleichzeitig der Erwartungshaltung gegenüberstehen, stets ein korrektes und starkes Vorbild zu sein.

Als Schutzstein sollte hier auf jeden Fall ein Glimmer bei sich getragen werden. Glimmer wirken wie ein Schild, an dem alles abprallt, wobei sie gleichzeitig viel Leichtigkeit geben. Der Fuchsit beispielsweise vermittelt einen sicheren Standpunkt bei schwierigen Situationen. Der Lepidolith, ebenfalls ein Glimmer, vermindert Beeinflussbarkeit und fördert neue Ideen sowie die Kraft, sie in die Tat umzusetzen.

Ein sehr wertvoller Helfer bei seelischen Belastungen ist auch der Nephrit. Er schützt vor allem gegen aggressive Attacken, die sich auf der verbalen oder auf anderen geistigen Ebenen äußern. Der Nephrit entgiftet und entsäuert zudem, und das nicht nur auf der körperlichen Ebene, sondern auch im seelischen Bereich. Dadurch gibt er seinem Träger innere Ruhe und jene Entscheidungsfreiheit, die er für seinen Job braucht.

Belastende Temperaturen

Auch sie können die Gesundheit gefährden. Bei großer Hitze wie in Gießereien, Küchen und den vielen anderen Arbeitsstätten, in denen es »heiß hergeht«, muss der Körper mehr leisten, Herz und Kreislauf verrichten Schwerstarbeit. Die Folge ist schnelles Ermüden, was eine Verletzungsgefahr durch Verbrennen erhöht.

Hier ist der Chrysokoll ein guter Begleiter, denn er wirkt angenehm kühlend auf den gesamten Organismus. Er bringt den Kreislauf ins Lot und hilft sogar bei kleineren Brandverletzungen.

Ebenso kühlend wirkt der Prasem. Er schützt den Körper, indem er die Hitze aus ihm hinausleitet.

Bei eher niedrigen Temperaturen, wie sie bei der Arbeit mit leicht verderblicher Ware eingehalten werden müssen, sind Sie wiederum ganz anderen Belastungen ausgesetzt. Die andauernde Kälte mindert das Wohlbefinden und wirkt einschränkend auf die Beweglichkeit von Gelenken und Muskeln. Tests haben erwiesen, dass kalte Füße die Immunabwehr drastisch senken. Auch haben Viren bei Kälte leichtes Spiel, weil verengte Blutgefäße in Nase und Rachen die Abwehrzellen daran hindern, dort aktiv zu werden.

Ein guter Begleiter ist hier der Karneol. Er regt den Kreislauf an, macht beweglich und wärmt den Körper auf. Durch seine anregende Natur stärkt er die Immunabwehr und verbessert die Durchblutung.

Auch der Obsidian regt die Durchblutung an, besonders in Händen und Füßen. Darüber hinaus beugt er Verspannungen vor.

Burn-out

Ein Thema, das mehr und mehr Menschen betrifft, ist das Burn-out. Dahinter verbirgt sich eine noch nicht in jedem Punkt klar definierte Krankheit, deren Symptome von anhaltender Erschöpfung über Antriebsschwäche bis hin zu Depressionen reichen. Die Auslöser für Burn-out sind permanenter Zeit- und Leistungsdruck, Überforderung und ein erdrückendes Maß an Verantwortung. Vor allem in Führungspositionen sowie in allen Berufen mit starkem Erfolgsdruck erliegen viele Menschen diesem körperlichen wie seelischen Zusammenbruch.

Damit es nicht so weit kommt, möchte ich Ihnen gleich vier wichtige Edelsteine ans Herz legen:

Der Cordierit wirkt nervenberuhigend und entspannend. Er hilft Ihnen dabei, auch bei extremen Erwartungshaltungen von außen authentisch und selbstsicher zu bleiben. Gleichzeitig gibt er Ihnen Ausdauer und Durchhaltevermögen.

Der Morganit lindert emotionale Erschöpfung, die aus zu großer Anspannung resultiert. Er führt Sie zurück zu den eigenen Werten und der Freude am Leben, deren Verlust eines der auffälligsten Symptome des Burn-outs darstellt. Trotz seiner geringen Verfügbarkeit auf dem Markt könnte man den Morganit auch als den wichtigsten Edelstein gegen Burn-out bezeichnen.

Der Nephrit verleiht Schutz gegen aggressive Einflussnahme von außen. Er bringt Innovation und Handlungsfreude zurück.

Als wichtiger Anti-Stress-Stein darf auch der Rauchquarz nicht fehlen. Er wirkt spannungslösend und beruhigt die Nerven. Auf diese Weise beugt er Spannungs- und Erschöpfungszuständen vor.

Mangel an Tageslicht

Menschen, die in Räumen ohne Zugang zu Tageslicht arbeiten, wissen, wie bedrückend dieser Mangel auf Dauer sein kann. Wir täuschen uns, wenn wir glauben, dieses Phänomen gäbe es nur bei Arbeitern, die unter Tage ihren Dienst verrichten. Auch die Verkäuferin in einem großen Kaufhaus sieht das Tageslicht nur, wenn sie ihren Arbeitsplatz in der Pause verlässt. Dabei ist natürliches Licht enorm wichtig für jedes Lebewesen, denn unsere innere Uhr wird dadurch gestellt. Zudem wirkt es sowohl stimulierend als auch leistungsfördernd.

Natürlich kann kein Edelstein das Tageslicht ersetzen, jedoch kann der Sonnenstein eine kleine Hilfe sein. Er wirkt ähnlich stimulierend auf das Nervensystem wie das Tageslicht. Er macht fröhlich und hilft gegen Depressionen.

Auch der Citrin verleiht seinem Träger ein sonniges Gemüt. Am Solarplexus getragen wirkt er stimmungsaufhellend und verhilft zu mehr Leichtigkeit. Mit beiden Edelsteinen können Sie sich vor Schwermut schützen und die Sonnenseiten des Lebens richtig genießen.

Gefahren für den Körper

Bei Tätigkeiten, bei denen Gefahren für den Körper lauern, wie auf dem Bau, beim Transportverkehr oder in manchen Fertigungsanlagen, ist es unerlässlich, jederzeit hellwach und umsichtig zu bleiben. Auch Kraft und schnelle Reaktionen sind für einen reibungslosen Arbeitsablauf erforderlich.

Der Hämatit spendet genau die Kraft, die nötig ist, um jederzeit mit allen Sinnen bei der Sache zu sein.

Mit dem Heliotrop behalten Sie die Kontrolle auch in ernsten Lebenslagen. Er schützt vor ungewollten Einflüssen auf körperlicher wie auf seelischer Ebene und hilft, Ruhe zu bewahren.

Lärm

Belastungen durch Lärm auf der Arbeit können die Nerven aufreiben, aber auch zu Schädigungen des Gehörs führen.

Neben einem ausreichenden Schutz für Ihr Gehör ist auch das Tragen einer Chalcedonrosette hilfreich. Dieser Stein stärkt das Allgemeinbefinden und schützt den Gehörgang.

Zur Stärkung und zum weiteren Schutz des Gehörs empfehle ich nach Beendigung der Arbeit den Sardonyx. Begeben Sie sich zu diesem Zweck in einen ruhigen Raum, und legen Sie den Stein fünfzehn Minuten auf jedes Ohr.

Am Körper getragen wirken die genannten Edelsteine speziell für den Arbeitsplatz am besten. Jeden davon erhalten Sie im Handel als Trommelstein sowie in diversen Schmuckformen.

Die folgende Affirmation ist allgemein gehalten und deshalb für jede Art von beruflicher Ausrichtung anwendbar.

AFFIRMATION

»Der (Name des Steins) begleitet mich zu meiner täglichen Arbeit und schützt mich dort sicher und umfassend. Er gibt mir Kraft und Besonnenheit bei meinem Tun. Er zeigt mir meine Stärken auf und hilft mir, sie einzubringen. Er unterstützt mich beim Erhalt der Gesundheit von Körper, Geist und Seele. Er hilft mir, meine Ziele zu erreichen. Ich danke meinen geistigen Helfern und allen Wesenheiten, die mich bei meiner Arbeit unterstützen. So sei es.«

Mobbing

Berufsbedingte Belastungen können Sie mithilfe der Edelsteine also in einem berechenbaren Rahmen halten. Aber wie ist es mit jenen Belastungen, die eine schwierige Beziehung zu Kollegen mit sich bringt? Zwischenmenschliche Verhältnisse sind wenig berechenbar, denn jeder Mensch denkt und reagiert anders. Deshalb kann es passieren, dass man seelischem Druck durch Kollegen in einem Ausmaß ausgesetzt ist, in dem man es nicht erwartet hätte. Es wird immer Personen geben, mit denen man sich nicht so gut versteht wie mit anderen. Auch dass ein Mensch uns gegenüber aus irgendeinem Grund feindlich gesinnt ist, können wir nicht ausschließen. In den meisten Lebenssituationen können wir einen gewissen Abstand zu diesem Menschen einnehmen, einen Bogen um ihn machen. Am Arbeitsplatz ist das kaum möglich, und genau da liegt das Problem. Wir müssen einen Weg finden, mit der anderen Person auszukommen, ob wir wollen oder nicht.

Um sich vor Mobbing zu schützen, helfen drei Dinge:

- ein gesundes Selbstvertrauen, das uns die eigene Stärke stets vor Augen führt
- Kommunikation, um einen friedlichen Dialog in Gang zu bringen
- Beharrlichkeit, um klar zu machen, wo und wie fest unser Standpunkt ist

Mögliche Wunden sowie Verletzungen auf seelischer Ebene kann der Rhodonit heilen. Er ist immer dort ein guter Begleiter, wo verbale sowie körperliche Übergriffe und seelische Verletzungen drohen. Zudem kann er Ihnen helfen, Konflikte zu lösen.

Der Onyx bringt seinen Träger in seine eigene Mitte und verhilft zu mehr Selbstbewusstsein. Dadurch fällt es leichter, dem eigenen Standpunkt treu zu bleiben sowie die persönlichen Anliegen kundzutun und durchzusetzen.

Der Rubin verleiht eine natürliche, entspannte Alpha-Haltung, vor allem dann, wenn Sie ihn in Herznähe tragen. Er zeigt auf, was für Sie wichtig ist, und gibt ausreichend Kraft, es einzufordern.

Auch diese Steine wirken am besten, wenn sie im richtigen Moment in Ihrer Nähe sind. Es gibt sie als Handschmeichler sowie in diversen Schmuckformen.

AFFIRMATION

»Der (Name des Steins) stärkt mein Schutzschild, mein Selbstbewusstsein und meine Wehrhaftigkeit, welche erfolgreich die Taten von (hier konkret die Namen der betreffenden Personen) abblocken. Er unterstützt meine Fähigkeit, mit positivem Auftreten klar und offensiv meine Position an meinem Arbeitsplatz zu untermauern, wodurch sich alle Beteiligten ein neues, respektables Bild von mir erstellen. Ich bedanke mich bei allen positiven Wesenheiten, die mich dabei unterstützen. So sei es.«

Freizeit und Sport

Sport zu treiben ist angesagt wie nie. Selbst bequemere Zeitgenossen lassen sich heutzutage leicht zu einer der vielen Sportarten überreden, die in Studios und Vereinen angeboten werden. Bei den vielseitigen Möglichkeiten findet sich für jeden etwas – sei es nun gesundheitsfördernde Gymnastik oder halsbrecherischer Parkour. Es ist sehr wichtig, seine Leistungsgrenzen bei der gewählten Sportart richtig einschätzen zu können, denn gerade für Neueinsteiger besteht die Gefahr, sich zu übernehmen. Gern möchten wir schon das können, was der Trainierende neben uns gerade zeigt, obwohl dieser vielleicht schon seit Jahren dabei ist. Oder gar der Trainer treibt zu noch mehr Leistung an, und man geht an sein Limit oder vollzieht eine unbedachte Bewegung, für die die Muskeln noch nicht geschult sind. Dabei kommt es bei sanften Bewegungsformen zwar seltener zu Überanstrengungen oder gar Verletzungen als bei riskanten Sportarten, aber man ist nie gänzlich davor gefeit.

Mit einem grundlegenden Maß an Verantwortungsbewusstsein wird Ihnen Ihr begleitender Edelstein zusätzlichen Schutz bieten können.

Der Apatit ist der Stein, der den gesunden Zellaufbau vor allem in Gelenken und Sehnen unterstützt. Auf diese Weise hält er sie beweglich und schützt sie vor Verletzungen. Er beugt Müdigkeit vor und hilft, die gesetzten Ziele sicher zu erreichen.

Auch der Calcit wirkt zellaufbauend und stabilisierend. Er spendet die nötige Kraft, um uns konstitutionell auf einem sicheren Level zu halten. Er gibt uns zusätzlich Selbstvertrauen, das uns sicherer werden lässt, und den Willen, das Begonnene richtig durchzuführen.

Tragen Sie bei Sportarten mit einem hohen Verletzungsrisiko zusätzlich einen Türkis. Er schützt vor Stürzen.

Um mit Besonnenheit die eigenen Kräfte einzuteilen, wählen Sie vorzugsweise einen gelben oder braunen Jaspis.

Bei Mannschaftssportarten, bei denen es auch einmal heiß hergeht, verleiht der Prasem die nötige Ruhe und einen kühlen Kopf.

Mit seiner Klarheit und in seiner Eigenschaft als Kraftüberträger gibt der Bergkristall ein sicheres Reaktionsvermögen. Ihn können Sie bei jeder Sportart einsetzen.

Bei Schutzsteinen für den Sport sollten Sie beachten, dass sie für ihren Träger weder eine Behinderung, noch eine zusätzliche Gefahrenquelle darstellen. Deshalb eignet sich hier am besten ein Band oder eine Kette mit Anhänger, der unter der Kleidung, direkt auf der Brust getragen werden kann.

AFFIRMATION

»Der (Name des Steins) schützt mich vor Verletzung, vor Sturz und vor Überanstrengung bei meinem Sport. Er hält meinen Geist wach, der meine Reaktionen gut und sicher lenkt, unterstützt meinen Verstand, der mir sagt, was ich wirklich kann, und stärkt meinen Körper, der mich zuverlässig trägt. Ich übernehme die Verantwortung für mich und für meinen Körper und handle entsprechend. Mit dem (Name des Steins) bleibe ich geschützt auf allen Ebenen. Ich danke meinen persönlichen Schutzengeln für ihre Hilfe und Aufmerksamkeit. So sei es.«

Auto und Reise

Des Deutschen liebstes Kind

Es vergeht kaum ein Tag, an dem die meisten von uns nicht mindestens ein Mal das Auto als Transportmittel benutzen. Die gängigen Sicherheitsstandards sind immer mit dabei, seien es Licht, Bremse oder Gurt. Auch die Einhaltung der Verkehrsregeln ist selbstverständlich. Sie gehört zur alltäglichen Routine. Doch gerade diese Routine bewirkt, dass wir in der Achtsamkeit leicht nachlassen und dadurch Unfälle verursachen.

Der Türkis gibt umfassenden Schutz und stärkt das Gefühl für verschiedenste Situationen im Straßenverkehr sowie für die eigene Leistungsfähigkeit.

»Im Fluss sein« ist das Thema des Fluorits. Er fördert die Aufmerksamkeit für die ständig wechselnden Bedingungen im Stadtverkehr und hält die Konzentration auf monotonen Strecken aufrecht.

Ein Anhänger, der beide Steine enthält und am Rückspiegel befestigt werden kann, wäre ideal für den ständigen Schutz in Ihrem Fahrzeug.

Reisefieber

Ein Großteil der Deutschen fährt mindestens einmal im Jahr in den Urlaub. Nicht selten wird sich dabei der Ausflug in ein exotisches Land zum Ziel gesetzt, denn mit vielen völlig neuen Eindrücken lässt sich der Alltagstrott in den wenigen Urlaubswochen am besten abstreifen. Spätestens nachdem wir unser Ziel bestimmt und Flug und Unterkunft sorgfältig ausgesucht und gebucht haben, stellt sich die Vorfreude ein.

Die meisten Reisenden wählen eine sichere, bekannte Fluglinie und ein Hotel nach westlichem Standard, von dem aus einige, meist geführte Touren und Unternehmungen getätigt werden. Anderen aber ist das zu wenig aufregend. Sie wählen neue Ziele, von denen sie schon gehört, sie aber noch nie gesehen haben. Sie suchen das Ungewöhnliche fernab vom Massentourismus. Sie lieben alles Fremde, möchten bekanntes Terrain verlassen und in das Neue eintauchen – dabei lauern im Neuen und Unbekannten aber natürlich auch ebenso neue und unbekannte Gefahren.

Egal, ob Sie sich in Ihrem Urlaub in gesicherten Bereichen bewegen oder das Abenteuer suchen – eine Reise birgt immer Überraschungen, die spannend, aber auch unangenehm sein können. Da sich niemand die Reise schon im Vorfeld von allzu vielen Sicherheitsvorkehrungen verderben lassen möchte, sind Schutzsteine dafür eine praktische Lösung. Ein Taschenstein ist nicht nur nützlich, sondern auch klein genug für das Gepäck. Ein schöner Anhänger oder ein Armband dient gleichzeitig als schmückendes Accessoire.

Transport

Türkis

Fahrrad, Auto, Flieger oder Schiff – die Möglichkeiten der Fortbewegung sind vielfältig. Sich in einen Flieger zu setzen oder gar eine Schiffsreise anzutreten, kommt allerdings nicht jeden Tag vor. Da kann es leicht passieren, dass uns ungute Bilder aus den Medien in den Kopf kommen und uns ängstigen. Welches Fortbewegungsmittel Sie dann auch immer wählen, bleiben Sie auf jeden Fall achtsam auf Ihren Reisen. Dabei kann Sie ein Schutzstein sehr gut unterstützen.

Der bekannteste Reiseschutzstein ist der bereits erwähnte Türkis. Schon die Indianer arbeiteten den »Himmelsstein« in ihre Kleidung oder in das Zaumzeug ihres Pferdes ein, um sich und ihr Reittier vor Stürzen zu schützen. Heute nimmt ein Teil des Flugpersonals einen Türkis in der gleichen Absicht mit.

Gesund bleiben im Urlaub

In dieser schönsten Zeit des Jahres ist es besonders wichtig, gesund zu bleiben, denn mit einer Krankheit – und sei es auch nur ein Schnupfen – können Sie sich nicht erholen. Dazu kommen in fremden Ländern die ungewohnten Formen der ärztlichen Versorgung und die vermehrten Kosten. Neben den üblichen Vorkehrungen, die Sie diesbezüglich treffen, können Edelsteine das Wohlbefinden fördern, vor allem, wenn Sie im Urlaub schon einmal mit einer bestimmten gesundheitlichen Schwäche Erfahrungen gemacht haben.

Zur Unterstützung eines stabilen Immunsystems bei Klimaveränderungen leistet der Achat wertvolle Dienste. Insbesondere der Amulettstein hilft, Krankheitserreger auszuleiten und abzuschirmen.

Bei sensiblen Verdauungsorganen sind Reiseübelkeit und Unverträglichkeiten auf fremde Nahrungsmittel zudem keine Seltenheit. Hier leistet der rosafarbene Moosachat gute Dienste, indem er das Verdauungssystem stabil hält und die Darmflora verbessert. Sollten Sie im Urlaubsland schon häufiger mit »Montezumas Rache« Bekanntschaft gemacht haben, empfehle ich, den Stein schon eine Woche vor Reiseantritt bei sich zu tragen.

Entzündungen und Verletzungen

Vergleichbar unangenehm wie die eben genannten Unpässlichkeiten werden im Urlaub Entzündungen, Verletzungen, Hautkrankheiten sowie Stiche oder Bisse von Insekten empfunden. Auch hier sind in erster Linie eine ausreichende Vorsorge (Impfungen) und eine gut sortierte Reiseapotheke wichtig.

Von den Heilsteinen eignet sich in diesem Fall der Rhodonit. Er hilft bei Insektenstichen, Prellungen sowie bei kleineren Brandwunden. Um einer Entzündung vorzubeugen oder entgegenzuwirken wird der Rhodonit direkt auf die Wunde gepresst.

Der Peridot schützt vor Pilzbefall und anderen Schmarotzern, er wirkt entgiftend und unterstützt bei der Heilung von Infektionen.

Neue Eindrücke

Die Verhaltensweisen in manchen Urlaubsländern weichen zum Teil deutlich von den unsrigen ab. So gilt in einigen Kulturen ein zustimmendes Kopfschütteln, und in Asien sollte man ein zurückhaltendes Schnäuzen lieber durch ein beherztes Schniefen ersetzen. In Indien tragen Frauen die Schultern und Knie bedeckt, und in den islamischen Ländern ist es auch für Touristinnen ratsam, ein Kopftuch zu tragen. Sie können sich mit einem guten Reiseführer mit den wichtigsten Regeln und Gepflogenheiten des Landes vertraut machen. Zudem ist es immer von Vorteil, die gebräuchlichsten Worte in der Landessprache zu beherrschen.

Vor allem für Individualreisende eignen sich die Edelsteine Opalith und Saphir, um ein optimales Maß an Verständigung zu erreichen.

Der Opalith öffnet auf emotionaler Ebene für Menschen verschiedener Kulturen, fördert Feingefühl und Aufgeschlossenheit.

Der Saphir vermittelt diese Eigenschaften auf mentaler Ebene.

Es sind nicht nur völlig andere Orte und andere Menschen, die wir in der Ferne antreffen, es sind natürlich auch andere Schwingungen, Gefühle und Eindrücke, die wir nicht vorhersagen, geschweige denn planen, können. Gerade in dieser Verunsicherung können wir zum Opfer von Betrug und Diebstahl werden. Hierbei kann der mehrfarbige Turmalin helfen. Er hilft dabei, die verschiedenen Einflüsse zu analysieren und zu ordnen. So entsteht ein klarer Gesamteindruck.

Falls Situationen zu erwarten sind, die besonders verwirrend oder gar prekär werden können, rate ich zu einem Charoit. Er schützt vor Ängsten und führt mit Ruhe und Überlegung aus kritischen Lagen heraus. Darüber hinaus gibt er Mut und Zuversicht für die darauffolgenden Schritte.

Am Körper getragen wirken diese Steine am besten. Jeden davon erhalten Sie im Handel als Trommelstein, Handschmeichler oder in diversen Schmuckformen.

AFFIRMATION

»Der (Name des Steins) begleitet mich als Helfer und Schützer auf meiner Reise. Wo immer ich sein mag, was immer geschieht, er gibt mir zusammen mit meinen Schutzengeln Besonnenheit und günstiges Geschick. So führen sie mich heil und gesund durch meine Abenteuer. Ich danke den universellen Kräften, und ich danke meinen Engeln für ihren Segen. So sei es.«

Prüfung

Jeder hat es schon einmal erlebt: Der Prüfungstermin rückt näher, man ist aufgeregt, als hätte man zu viel Kaffee getrunken, das Herz pocht und im Kopf fegt ein Sturm die Gedanken durcheinander. Vor allem, wenn Prüfungen in fremden, unpersönlich kühlen Räumen stattfinden und nervenaufreibende Wartezeiten mit ihnen verbunden sind, fällt es immer schwerer, sich gegen die Prüfungsangst zu wehren. Bei sensiblen Menschen kommt noch ein Druck auf den Solarplexus hinzu, die Muskeln sind angespannt und die Arbeit der inneren Organe scheint sich zu beschleunigen, was oftmals zu Bauchschmerzen führt. All das sind Anzeichen dafür, dass unser Instinkt meldet: »Schnell weg hier, Gefahr!« Unser Verstand kann dagegenhalten, denn die Gefahr besteht nur darin, dass wir bei der bevorstehenden Prüfung die selbst gesteckten Ziele nicht erreichen könnten. Wir schützen uns davor, indem wir unsere Aufmerksamkeit auf den Prüfungsinhalt legen und unser Wissen dazu abklopfen. Bei ausreichender Vorbereitung hilft uns das in der Regel sehr gut. Aber dieser selbst aufgebaute Schutz ist in Prüfungssituationen recht instabil und leicht zu durchbrechen. Oft reicht dazu ein unvorhergesehener Zwischenfall, eine unverständliche Frage oder eine verletzende Aussage unseres Gegenübers. Selbst der negative Wunsch eines Konkurrenten kann uns dann wie ein Geschoss in die wohlgeordneten Gedanken treffen und uns aus dem Konzept bringen.

Hier bewährt sich ein Schutz, auf den Sie sich verlassen können, selbst wenn Sie ihn in der heißen Phase völlig vergessen.

Neben den klassischen Prüfungssteinen wie dem blauen Chalcedon, der Ihre sprachlichen Fähigkeiten unterstützt, dem Tigerauge oder Falkenauge, mit dem Sie Ihre Konzentration bündeln und lenken können, und dem Amethyst für die innere Ruhe sowie für die Nüchternheit der Gedanken empfehle ich den Baumachat. Er vermittelt jene Besonnenheit und Standfestigkeit, die Sie brauchen, um selbst stärkere Einflüsse von außen abschirmen zu können. Sie gehen gesammelt und mit Ruhe an die entsprechende Situation heran, wodurch diese schnell ihre Bedrohlichkeit verliert. Er stärkt die innere und äußere Widerstandskraft und den Glauben daran, die eigenen Ziele zu erreichen.

Wählen Sie den für Sie wichtigsten Prüfungsstein aus und geben den Baumachat hinzu. In Kombination mit dem Prüfungsstein Ihrer Wahl schließt er alle Lücken in Ihrem Schutzschild. Damit bleiben Körper und Geist in ihrer Kraft, aber dennoch entspannt und aufnahmebereit für Inspiration sowie für positive Wendungen. Baumachat und Prüfungsstein wirken wie zwei Bodyguards, mit denen Sie innere sowie äußere Gefahren bannen und Ihre Aufgaben spielend meistern.

Die genannten Steine sind gut verfügbar und werden häufig in gebohrter Form als Anhänger angeboten. Eine Kombination dieser Steine können Sie als Halskette oder Armband tragen. Diese Edelsteine sind auch als Handschmeichler erhältlich, die sie bequem in der Hosentasche mit sich führen können.

AFFIRMATION

»Der (Name des Steins) hilft mir dabei, die Prüfung zu meinen Gunsten zu entscheiden. Er verleiht mir während der Prüfung starke Nerven und hält meinen Kopf klar. So kann ich jederzeit auf das gesamte Spektrum meines Wissens und Könnens zugreifen.
Ich bedanke mich bei all meinen persönlichen Helfern für ihre Unterstützung. So sei es.«

Haustiere

Das Haustier hat seinen Siegeszug schon vor Tausenden von Jahren begonnen, und es wird auch in den nächsten Tausend Jahren ein wichtiger Begleiter des Menschen bleiben. Ich kenne kaum einen Haushalt, in dem es nicht irgendwann ein Haustier gegeben hat. Meine geliebte Katze wurde 19 Jahre alt, und sie war sicher auch dank der Edelsteine immer kerngesund.

In den meisten Fällen gelten für Haustiere die gleichen Steine wie für Menschen. Ist ein Tier beispielsweise ängstlich und liebesbedürftig, wird ihm ein Rosenquarz guttun, braucht ein anderes mehr Ausgleich für sein Temperament, hilft ihm der Prasem. Um kleine wie große Tiere vor Parasiten und Ungeziefer zu schützen, empfehle ich den Bernstein. Als Schutz gegen Attacken von außen dienen der Schörl und die Steine aus der Glimmer-Familie. Vor Verletzungen kann der Heliotrop schützen und vor Sturz (z. B. des Pferds) der Türkis.

Von Edelsteinen mit sehr starker Wirkungsweise wie Diamant, Hämatit oder Sugilith* sollten Sie absehen, denn Tiere reagieren sehr direkt auf die Heilsteinenergie.

---

* Eine Liste über die Intensität der bekanntesten Edelsteine finden Sie in meinem Buch »Wasser & Steine – Edelsteinwasser selbst herstellen« (Schirner Verlag, 2014).

Der gewählte Stein erzielt seine Wirkung am besten, wenn er dem Tier als Anhänger am Halsband angebracht wird. Sollte das nicht möglich sein, können Sie den Stein neben die Schlafstätte legen oder ihn in roher oder getrommelter Form in den Trinknapf geben (ausgenommen der Türkis).

AFFIRMATION

»Der (Name des Steins) hält mein Haustier bei Kraft, Gesundheit und Lebensfreude. Es spürt den Schutz, der bei ihm ist, und dankt es uns mit seiner positiven Art. Danke an alle Helfer. So sei es.«

Haus und Wohnung

Trautes Heim

Ob es sich um ein eigenes Haus handelt oder um eine gemietete Wohnung – es ist das Zuhause, das eigene »Nest«. Es ist der Ort, an dem alles an uns erinnert, nicht nur weil sich dort unser Hab und Gut befindet. Es ist unser ganz persönliches Reich, unser Rückzugs- und Erholungsort, an dem wir so sein wollen, wie wir sind.
Dementsprechend viele Stunden des Tages – zusammengefasst beinahe die Hälfte des Lebens – halten wir uns zu Hause auf. In den eigenen vier Wänden möchte man sich in erster Linie geschützt und sicher fühlen, um herunterzufahren, sich zentrieren zu können, die eigenen Ideen fließen zu lassen und wieder neue Kraft zu tanken für die Anforderungen des Lebens. Dabei stehen die elementarsten Bedürfnisse wie Nahrung, Wärme, Schutz des Eigentums und der Erhalt des Obdachs an oberster Stelle. Für all das müssen wir jeden Tag eine Menge Einsatz zeigen. Da liegt es nahe, sich gute, vielseitige und beständige Helfer zu holen.
Edelsteine, die schönen Helfer aus dem Mineralreich, gehen tagein, tagaus unerschütterlich ihrer Aufgabe nach. Mit einem oder mehreren Edelsteinen im Haus haben Sie natürliche und beständige Schutzkräfte gewählt.

Große Steine und Hüterkristalle

Wer je vor einer großen Bergkristallspitze von fünf Kilogramm oder mehr stand, weiß um die Ausstrahlung eines solchen Erdenhüters. Man möchte ihn berühren, über die glatten Flächen dieses Einzelkristalls streichen, um damit etwas von der Ruhe, die er durch alle Stürme hindurch bewahrt, in sich aufzunehmen. Gleichzeitig geht eine ungeheuere Kraft von ihm aus. Nach einer indianischen Legende kamen einst Lichtwesen in Form dieser Kristalle auf die Erde, um diese zur rechten Zeit zu retten. Sie sind in der Lage, Traumata aufzulösen und den Menschen auf eine andere Bewusstseinsstufe zu heben. Wolfgang Hahl, Autor und Erdheiler, spricht nach seinen Meditationen mit Erdenhütern von tief greifenden Erlebnissen, vom Eintauchen in Licht und von kosmischem Wissen, das über jede Vorstellung hinausgeht.

Noch häufiger als Einzelkristalle werden in Fachgeschäften Stufen, Drusen und andere Steine in roher oder geschliffener Form angeboten.

Als Stufe werden unbehandelte Steine mit einer Gruppe von auskristallisierten Spitzen bezeichnet, die zusammen auf Muttergestein gewachsen sind. Es gibt sie in allen Größen und – je nach Mineral – in den unterschiedlichsten Formen und Farben. Durch ihre in verschiedene Richtungen weisenden Spitzen verteilen sie ihre, einem Netz aus Kraft gleichende Energie, über den gesamten Raum. Gleichzeitig fühlt es sich an, als verleihe dieses Netz eine sichere energetische Stabilität.

Drusen sind Steine mit einem Hohlraum in ihrem Inneren, in dem sich Kristalle gebildet haben. Ein klassisches Beispiel dafür ist der Amethyst. Diese Edelsteine werden schon am Fundort geteilt, um das faszinierende Innenleben des Steins sichtbar zu machen. Die Besonderheit von Drusen ist ihre zentrierende, reinigende Kraft. Viele nutzen sie, um beispielsweise Schmuck energetisch darin zu reinigen. Große Drusen sind aber auch in der Lage, einen Raum von störenden Schwingungen zu befreien.

Druse

Stufe

Nicht jeder Edelstein bildet sichtbare Kristalle aus. Der Rosenquarz gehört dazu, ebenso der Jaspis oder der Karneol. Sie werden als Rohstein, also in ihrer rohen, ungeschliffenen Form angeboten, oder geschliffen und poliert als Freeform Skulptur. Mit seiner Energie erzeugt ein solcher Stein ein Kraftfeld, das sich vor allem dort entfaltet, wo er sich befindet.
Diese Steine eignen sich daher sehr gut zum Entstören von Erdstrahlen sowie zum Abschirmen von negativen Schwingungen aus bestimmten Richtungen.

Brunnen und Lampen aus Edelsteinen bieten eine weitere bekannte Möglichkeit, die Energie der Steine zu sich nach Hause zu bringen. Unterstützt durch das Wasser, beziehungsweise das Licht, schicken sie ihre Kraft schnell in den gesamten Raum.

Wenn Sie sich für den Kauf eines entsprechenden Steines entschieden haben, könnte es zu Hause passieren, dass Sie den Stein plötzlich nicht mehr auf den Platz legen möchten, den Sie ihm zugedacht hatten. Mir erging es mit jedem meiner Steine genau so: Ich wanderte mit ihm durch die gesamte Wohnung und probierte aus, auf welchen Platz er gehört. Messen und Berechnen brachte nichts, aber in dem Moment, wo er auf seinem richtigen Platz stand, wusste auch ich es. Auf diese Weise helfen Ihnen die Steine selbst, den richtigen Standort zu finden.
So suchen sich beispielsweise Amethyste selten Plätze an Wärmequellen, bekommen aber dafür häufiger im Badezimmer oder Schlafzimmer ihren Ehrenplatz. Einer Bergkristallspitze wird häufig ein sehr zentraler Standort gegeben, während Stufen gern neben Fenster, zu Pflanzen oder an Außenwände gelegt werden wollen.

Große Steine sind in der Lage, das Raumklima deutlich zu verändern. Die Reinigung des Raums durch einen Edelstein entspricht einer Umwandlung der Schwingungen, so als würden chaotische Energien in ein strukturiertes lebendiges Raumgitter verwandelt. Für uns Bewohner zeigt sich dies manchmal in dem Bedürfnis, auch die sichtbaren Dinge in den betreffenden Räumen zu verändern, diese quasi der unsichtbaren Ordnung anzupassen. Wir fangen an, Möbelstücke umzustellen oder zu entfernen, weil wir plötzlich das Gefühl haben, dass sie so nicht mehr passen. Wir gehen in diesem Moment darauf ein, die Räume einer Tiefenreinigung zu unterziehen, bestimmte Elemente zu entfernen und andere hinzuzufügen – und das sehr häufig mit einer bemerkenswert klaren Vorstellung, wie es nun zu sein hat. Geben Sie bei dieser Sache gern Ihrem Gefühl nach. Sagt es Ihnen beispielsweise, es solle nun eine Kerze in der rechten hinteren Ecke platziert werden, dann tun Sie genau das. Es handelt sich bei diesem »Phänomen« um eine Reaktion auf die Klarheit, die Ihr Stein in Bezug auf den Raum vermittelt. Diese Klarheit hat eine Wirkung, als habe man einen nur mäßig durchscheinenden Vorhang zur Seite geschoben. Auch dieses »Klarsehen« gehört zu einem umfassenden Schutz dazu.

Wohnaccessoires aus edlen Steinen in allen Größen und Formen

Wer Edelsteine liebt, hat auch welche zu Hause. Da liegt die Frage natürlich nahe, ob wir diese schon vorhandenen schönen Schätze nicht auch zum Schutz der Wohnung einsetzen können, auch wenn es sich nur um kleine Stücke handelt. Selbstverständlich können wir das! Der Fantasie sind hierbei keine Grenzen gesetzt.

Wer es eher klassisch mag, bewahrt seine Edelsteine in einer Vitrine auf. Dort sind sie sicher verwahrt und können dennoch ihre Energie in den Raum schicken. Etwas zugänglicher sind hingegen dekorative Schalen mit gesammelten Trommelsteinen als Tischdekoration oder Vasen mit einer Füllung kleinerer Steine. Für Bastler käme auch ein selbst gefertigtes Mandala oder Mosaik aus Edelsteinen infrage, ebenso diverse Skulpturen von verspielt bis abstrakt. Gebohrte Steine aus Armbändern und Halsketten lassen sich hervorragend zu Mobiles, Windspielen sowie Gardinenketten verarbeiten oder in Schutzkränze für die Haustüre einweben. Die positive Energie des Edelsteinschmucks, den Sie gerade nicht tragen, können Sie ebenfalls sehr gut als klärendes Element nutzen, indem Sie ihn auf eine formschöne Schmuckpuppe hängen und diese auf eine geeignete Fläche stellen. Natürlich ist ein solches Arrangement durch die tägliche Nutzung als Schmuck einer ständigen Wandlung unterzogen, was gut so ist, denn auf diese Weise bleibt auch der Schutz lebendig.

Umzug/Einzug

Bevor wir eine neue Wohnung oder ein neues Haus beziehen, wollen wir sichergehen, dass das neue Heim nicht nur unseren Wünschen entspricht, sondern dass es uns auch guttut. Dazu klären Sie zunächst folgende Fragen:

Welche alten Energien existieren hier, die beseitigt werden können?

Jeder Mensch hinterlässt energetische Spuren in dem Haus, in dem er wohnt. In einer abgelebten Wohnung sieht und spürt man sie sofort, doch sie sind auch in Räumen vorhanden, die in tadellosem Zustand an den Nachbesitzer übergeben werden. Gehen Sie aufmerksam durch alle Räume. Nehmen Sie zuerst die augenscheinlichen Mängel auf, die zu beseitigen sind (schlecht schließende Fenster, alte Rohrleitungen, Materialien mit erhöhtem Gesundheitsrisiko etc.). Durch neue Tapeten oder Wandanstriche, neu eingelegte Böden und neue sanitäre Anlagen nehmen Sie schon sehr viel von der alten Energie heraus. Doch manchmal ist es vonnöten, beispielsweise einen Wandschrank zu entfernen, sei er auch noch so nützlich, oder Küchengeräte auszutauschen, weil die Ausstrahlung anderer Menschen daran haftet. Außerdem empfehle ich eine Reinigung durch Räuchern. Auch in diesem Stadium können Sie an das erste Verteilen von Edelsteinen denken, wenn Sie z. B. die Möglichkeit haben, die Steine fest in Wände oder Böden zu integrieren. Sie können die Schutzsteine unsichtbar unter dem Putz oder dem Boden verstecken oder sichtbar als schmückendes Element nutzen. Hierfür sind neutrale, auf Dauer zuverlässige »Entstörer« angebracht, wie Schörl und Bergkristall.

Der Schörl leitet negative Energien über Wand und Boden ab und reinigt den Raum auf diese Weise nachhaltig.

Der Bergkristall klärt den Raum und bringt neue, lichtvolle Energie hinein. Seine Spitzen verteilen die Kraft in alle Richtungen.

Sollte nach Abschluss der Arbeiten noch Restenergie zu spüren sein, verblasst diese in der Regel mit der Zeit, vor allem mithilfe der Edelsteine.

Gibt es energetische Belastungen, die wir nicht beseitigen, aber dämpfen können?

Die nächste Prüfung gilt den Schwingungen, die Wasseradern, Erdstrahlen sowie elektromagnetische Felder von Funkmasten verursachen. Feinfühlige Menschen spüren diese Energien und können den Ort und das Ausmaß zuweilen sehr genau bestimmen. Andere tun dies mithilfe von Ruten. Sie können sich aber auch Hilfe bei einem Baubiologen oder Geopathologen holen, der Ihre Räume genau austestet. Er kann Ihnen sagen, an welche Stelle Sie Ihr Bett getrost hinstellen können, wo der günstigste Platz für den Schreibtisch ist und welche Stellen noch entstört werden können.

Außer den schon genannten, Bergkristall und Schörl, kommen folgende Steine infrage.

Den Achat können Sie bevorzugt bei Wasseradern einsetzen. Dazu legen Sie mehrere große Trommelsteine auf die Linie der Ader.

Der Rosenquarz eignet sich gut gegen verschiedene belastende Schwingungen. Er wird gern genommen, um Elektromagnetismus und Erdstrahlen abzuhalten. Ein Rohstück von mindestens 400 Gramm auf der betreffenden Stelle tut hier gute Dienste.

Bei elektromagnetischen Feldern haben sich neben Schörl und Rosenquarz auch der Ammonit, der Schungit sowie der Tektit bewährt. Sie drosseln die für uns Menschen ungesunden Strahlungen auf ein geringeres Maß herunter. Manchen Studien zufolge können solche Störfelder durch die Steine sogar neutralisiert werden.

Sie erhalten den Ammonit und den Tektit meist nur als kleine Stücke. Legen oder hängen Sie mehrere davon an den betroffenen Punkten aus.

Welche eigenen Probleme bringen wir mit in die neue Wohnung, und wie wappnen wir uns vor ihrer Manifestation?

Vor unseren eigenen Problemen können wir nicht fliehen, wir können sie nur lösen. Sicher hat jeder schon einmal erlebt, dass er den Wohnort, die Unterkunft oder die Arbeitsstelle gewechselt hat, um einer ganz bestimmten Sache ein Ende zu setzen, aber nach nicht allzu langer Zeit taucht sie in ähnlicher Form auch dort wieder auf. Es reicht nicht, einfach nur an einem anderen Ort zu sein, wir sollten eingefahrene Verhaltensmechanismen bewusst durchbrechen und ablegen. Der neue Ort gibt uns die beste Gelegenheit dazu. Seine frische, neutrale Ausstrahlung hilft uns, dieses Gefühl zu verinnerlichen und unsere positive Reaktion darauf ins tägliche Leben zu integrieren.

Der Sodalith kann dabei helfen, dem eigenen Verhalten eine neue vorteilhafte Richtung zu geben. Machen Sie ihn in den ersten Wochen nach dem Einzug zu Ihrem Begleiter in und auch außerhalb der Wohnung. Seine Energie ist sehr angenehm. Sie werden spüren, wie gut er Dinge verändern kann.

Aufgrund seiner Aufgabe sollte er in der Wohnung einen Platz bekommen, an dem sich die Bewohner des Hauses selbst am meisten aufhalten. Bei der Gestaltung können Sie sich gern von den vielseitigen Ideen der folgenden zwei Kapitel inspirieren lassen.

AFFIRMATION

*»Der (Name des Steins) verleiht diesem Haus/
dieser Wohnung energetische Reinheit, Schutz und Stabilität
nach innen und nach außen, nach oben und nach unten,
heute so sicher wie morgen. Er bildet mit all den anderen
Schützern hier im Haus ein starkes und sicheres Netz,
auf das ich und meine Lieben uns verlassen können.
Danke an die universellen Mächte und ihre Hilfe. So sei es.«*

Eingänge, Fenster und Treppenhaus

»Ihm wurden Tür und Tor geöffnet«, »das Fenster zur Seele«, »der Schlüssel zum Herzen« … Unsere Sprichwörter bezeugen die Funktion von Tür und Fenster: Sie sind die Verbindung zwischen draußen und drinnen. Sie gewähren den Durchlass zu und aus einem Raum, im übertragenen wie auch im Wortsinn. Selbstverständlich dienen sie auch den Unwillkommenen zu diesem Zweck. Aus gutem Grund sichern wir sorgfältig unsere Türen und Fenster vor ungebetenen Eindringlingen, damit wir in Ruhe und Sicherheit leben können.

Türen und Fenster

Besonders bei Einbrechern sind unsichere Türen und Fenster als Einstiegsmöglichkeit sehr beliebt. Wer jetzt sagt, bei mir gibt es ch nichts zu holen, sollte sich nicht täuschen, denn was Ihnen ein Dieb auf jeden Fall stiehlt, ist das Gefühl der Sicherheit in den eigenen vier Wänden.

Doch nicht nur Diebe, die es auf materielle Güter abgesehen haben, bedienen sich der Fenster und Türen, auch andere Energien wählen vorzugsweise diese Wege, weil sie den geringsten Widerstand bieten. So, wie das Licht durch unsere Fenster in die Räume dringen kann, so vermögen es auch die Gedanken und Wünsche anderer Menschen. Es ist also ratsam, den Schutz auch in energetischer Hinsicht abzurunden, damit nur die positiven Schwingungen Zutritt finden. Edelsteine sind dafür gut geeignet, denn ihr Schutz wirkt wie ein Schirm, der in erster Linie die Aufmerksamkeit von Störenfrieden körperlicher oder geistiger Natur von der Wohnung wegleitet.

Die erste Wahl fällt hier auf den Glimmer, dessen spezielles Wachstum ihn zu einem guten Schützer macht. Durch seine übereinander gelagerten blättrigen Aggregate, die wie eine Unzahl feiner Plättchen aussehen, ist er in der Lage, eindringende Kräfte zu zerstreuen und somit fernzuhalten.

Ein bekannter Glimmer und traditioneller Schutzstein gegen Diebe oder ungebetene Gäste ist die Biotitlinse. Sie stört deren Annäherungen und schützt vor ihren Übergriffen.

Gegen die Wirkungen von negativen Schwingungen schützt der Fuchsit. Vor allem vor jenen, die zum Ziel haben, Druck auf Sie auszuüben.

Gegen böse Wünsche wirkt der Schörl (siehe auch S. 13).

Der Rosenquarz verteilt eine Energie von Liebe und Harmonie, die sich schützend über die Ein- und Ausgänge und somit über Ihr Heim legt.

Die Haustür ist der wichtigste Einlass in die Wohnung. Ein schützendes und zugleich schönes Accessoire für die Tür ist der Schutzkranz. Es gibt im Handel Einzelteile zum Selberbasteln sowie fertige Türkränze, in die Sie Ihre Schutzsteine einarbeiten können. Hierzu eignen sich Edelsteinanhänger oder gebohrte Steinperlen sehr gut. Dazu fädeln Sie die Steine auf einen Nylonfaden oder auf einen feinen Basteldraht und befestigen sie am Kranz. Außer den Türkränzen gibt es eine Menge anderer Formen, wie Herzen, Traumfänger und vieles mehr, mit denen Sie Ihre Tür schmücken können. Oder Sie knüpfen einen einzelnen Stein an jenes Objekt, der je nach Stärke oder Größe hinreichenden Schutz gewährt. Wenn Ihnen eine Anbringung an der Tür nicht zusagt, können Sie – sofern es erlaubt oder Ihr Eigentum ist – Edelsteine in den Türrahmen einarbeiten.

Fenster sind nicht nur für Wärme und Licht ein durchlässiger Faktor, sondern auch für schon erwähnte Energien, die wir nicht haben wollen. Hier können Sie mit formschönen Gardinenketten nachhelfen. Die Ketten fangen negative Schwingungen auf, transformieren sie, leiten sie um oder brechen sie. Es reicht aus, eine Kette an einer Seite des Fensters aufzuhängen. Bei der Gestaltung einer solchen Kette können Sie Ihrem persönlichen Geschmack folgen, indem Sie diese mit den Edelsteinperlen Ihrer Wahl selbst gestalten, oder Ihren Händler darum bitten, sofern er diesen Service anbietet.

Zugang zu unseren persönlichen Schwächen

Wie wir aus den Sprichwörtern ebenfalls lesen können, sind Türen und Fenster zu unserem Heim auch Zugänge zu unseren ganz persönlichen Schwächen. Deshalb sollte unter den verwendeten Edelsteinen einer sein, der unser Wesen positiv beeinflusst und die Angreifbarkeit dadurch mindert.

Wohnt beispielsweise ein ängstlicher, zielsuchender Charakter in dem Haus, wird er durch einen Chiastolith an der Haustür Stabilität erfahren und dieser der Energie für seine Lebensaufgabe den Weg frei halten. Zusätzlich schützt ihn der Chiastolith nach außen vor Überbelastung und Druck.

Braucht der Bewohner Stabilität aufgrund von extremen Entwicklungen, die er durchlebt hat, sollte er einen Aragonit wählen.

Eine Person, auf die demnächst viel Arbeit zukommt, kann das Tigereisen mit seiner Kraft spendenden Energie nutzen.

Überlegen Sie, was für Sie ein zentrales Thema ist, und wählen Sie Ihren persönlichen Stein entsprechend aus. Mit ihm können Sie Ihren Tür- und Fensterschutz wunderbar ergänzen.

Flur und Treppenhaus

Diese sind Durchgangsräume. Sie stehen für den Wechsel zwischen draußen und drinnen, der sich auch auf gedanklicher Ebene vollzieht. Beim Verlassen der Wohnung stellen wir uns auf das ein, was wir an dem Tag »draußen« erledigen wollen, und abends beim Nachhausekommen freuen wir uns auf die eigenen vier Wände.

In Gebäuden mit mehreren Wohneinheiten können hier auch Begegnungen mit den Bewohnern stattfinden; meist kurze, von Anonymität gefärbte Blicke oder Begrüßungen, die flüchtige Eindrücke von dem vermitteln, was unter diesem Dach passiert. Mitunter wissen wir nicht, ob wir uns dafür mehr öffnen sollten oder ob es besser ist, sich völlig zu verschließen und die eigene Anonymität zu wahren. So bleiben Dinge manchmal jahrelang unausgesprochen, und jeder geht seiner eigenen Wege.

Ein geeigneter Stein für Flur und Treppenhaus ist der Marmor. Er steht für Wandlung und Veränderung, für die gegensätzlichen Energien, die in Durchgangsräumen existieren. Er hilft, diese anzunehmen und freudig die kleinen Veränderungen des Tages anzugehen. Er gibt den Mut und den Willen für offene Begegnungen und Klärungen von kleinen wie großen Problemen. Auf diese Weise erklären sich die angenehme Ausstrahlung von einem mit Marmor ausgekleideten Treppenhaus und die fortwährende Popularität dieses Gesteins als Bodenbelag. Doch nicht jeder Hauseingang kann damit glänzen. Als Äquivalent können Sie auch nur ein oder mehrere Marmorstücke dort unterbringen, um den klärenden Effekt des Steins für Ihr Treppenhaus zu nutzen.

AFFIRMATION

»Der (Name des Steins) gibt diesem Eingang/Fenster zu meinem Haus/meiner Wohnung einen zusätzlichen energetischen Schutz. Er wirkt wie ein Wächter, der nur das Positive hindurchlässt und alles andere abweist. Er bildet mit all den anderen Schützern hier im Haus ein starkes und sicheres Netz, auf das ich und meine Lieben uns verlassen können. Dafür danke ich allen Helfern. So sei es.«

Wohnzimmer

Das Wohnzimmer muss gleich mehreren Ansprüchen gerecht werden. Es ist der Raum, in dem wir unsere freie Zeit verbringen. Hier wollen wir es uns gemütlich machen und ganz entspannt nur den Dingen nachgehen, die dabei helfen, uns von allen Pflichten des Alltags zu lösen. Egal, ob wir uns einen Fernsehabend gönnen oder bei einem Hobby abschalten, das Wohnzimmer bietet uns dazu die Möglichkeit. Gleichzeitig ist es der Treffpunkt für die Gemeinschaft, für die Familie ebenso wie für den Single, der Gäste zu sich einlädt. Es ist der Raum, in dem Austausch stattfindet, er steht jedem Mitbewohner offen, jeder trägt im Idealfall zu seiner einladenden Atmosphäre bei. Somit wird das Wohnzimmer zum Mittelpunkt der Wohnung.

Deshalb wird die Einrichtung dieses Raumes meist sehr sorgfältig ausgewählt. Welche Farben sollen überwiegen? Soll es eher geometrisch schlicht oder nostalgisch verspielt aussehen? Soll jedes Sitzmöbel zum Fernseher ausgerichtet werden, oder gibt es gar keinen? Wenn mehrere Bewohner an der Auswahl der Einrichtung beteiligt sind, dann wird es meiner Erfahrung nach immer ein paar Kompromisse geben müssen, aber das tut der Gemütlichkeit in der Regel keinen Abbruch.

Trotzdem will sich bei manch einem Wohnzimmer trotz der Bemühungen keine angenehme Atmosphäre einstellen. Manchmal liegt das nur am Zuschnitt des Zimmers, es kann aber auch mit den noch nicht ausgeglichenen Energien des Hauses zusammenhängen. Möglicherweise auch damit, dass die Familie eine schwierige Phase durchlebt und aus diesem Grund nicht im Wohnzimmer »ankommt«. Fühlen Sie nach, woran es liegen könnte. Die Edelsteine, die Sie für den Raum ausgewählt haben, helfen Ihnen dabei. Wie im vorigen Abschnitt beschrieben, können Sie die Steine in den Raum bringen und nach Gefühl verteilen. Dann stellen Sie sich in die Mitte des Raumes und probieren, wie es sich anfühlt. Sie können darauf vertrauen, dass jeder einzelne Edelstein von Anfang an seine positive Wirkung auf den Raum ausübt.

Da der Apophyllit zum größten Teil als recht günstiger Rohstein zu erwerben ist, wird er gern als Energiespender in Haus und Wohnung genutzt. Es liegt in seinem Wesen, dem Raum eine Klarheit zu geben wie kaum ein anderer. Mit seinen in alle Richtungen weisenden Kristallspitzen erkennen Sie schnell, wo sich zwischenmenschliche Hürden befinden. Auf dem gleichen Weg hilft er den Bewohnern, vorgeschobene, gekünstelte Verhaltensweisen abzustreifen und ehrlich mit sich und den anderen zu sein. Damit löst er unterschwellige Spannungen und nimmt Druck von den Menschen in seinem Wirkungsfeld. Mit dem Apophyllit können Sie den Raum energetisch »sauber waschen«.

Der Bergkristall klärt den Blick, den man auf sich und seine Mitmenschen richtet. Er beleuchtet die wahren Werte des Einzelnen und bringt sie zur Geltung. Er ist in der Lage, positive Energie zu bündeln und weiterzuleiten. Dies gilt sogar für die Kräfte anderer Edelsteine in seiner Nähe. Er bringt je nach seiner Größe und Klarheit ein starkes Kraftfeld in den Raum, das durchaus in der Lage ist, scheinbar unabänderliche Zustände aufzulösen. Das macht ihn so vielseitig und beinahe unentbehrlich. Mit dem Bergkristall haben Sie einen wirksamen Schützer an Ihrer Seite. Ein Einzelkristall wirkt dabei zentrierend und ausrichtend. Eine Stufe streut ihre Energie über den ganzen Raum.

Für eine vielseitige Lebensgestaltung und passend dazu für die klare Übersicht in den täglichen Angelegenheiten sorgt der Coelestin. Er vermittelt den Menschen in seiner Nähe Optimismus und Tatkraft, bringt Weite ins Denken und schützt vor Einengung.

AFFIRMATION

»Der (Name des Steins) gibt dem Raum eine klare und reine Atmosphäre. Er hält ein Wirkungsfeld aufrecht, das den Raum zu jeder Zeit gemütlich und einladend macht. Damit verhilft er allen Nutzern dieses Raumes zu einem optimalen Maß an Verantwortungsgefühl für Wohnung und Gemeinschaft. Danke an die universellen Mächte und ihre Hilfe. So sei es.«

Schlafzimmer

Unser Schlafzimmer nutzen wir täglich mindestens sechs bis acht Stunden, damit verbringen wir dort im Durchschnitt mehr Zeit als in den anderen Räumen unserer Wohnung. Das Thema »Schutz« ist hier nicht nur aus diesem Grund besonders wichtig. Es kommt dazu, dass unser Schlaf der Entspannung und Erholung dient. Im Schlaf regeneriert sich unser Körper, wir verarbeiten das, was wir am Tag erlebt haben. Möglicherweise haben wir uns an diesem Tag viel bewegt und ausgiebig Sport getrieben. Im Schlaf werden die Muskeln repariert und aufgebaut. Haben wir viel Kopfarbeit geleistet, werden im Gehirn neue Schaltkreise geknüpft oder verzweigt. An Tagen, an denen wir enormen seelischen Belastungen ausgesetzt sind, werden auch diese in der Nacht verarbeitet. Viele Menschen klagen heute über Schlafstörungen, über Albträume und Unruhe, ja oft sogar über Ängste während der Nacht. All das schwächt die Regeneration und somit unsere Abwehr auf körperlichem wie auch auf seelischem Gebiet. Ein Mensch mit einer schwachen Abwehr ist ungeschützt, also empfänglich für negative Einflüsse von außen. Bei starken und länger andauernden Problemen sollten Sie Ihren Arzt um Rat fragen, um gesundheitliche Folgen auszuschließen. Die energetische Hilfe, die Ihnen die Edelsteine bieten, können Sie aber in jedem Fall in Anspruch nehmen.

Der Aventurin ist als guter Helfer bei Einschlafproblemen bekannt. Mit ihm kommen der Geist zur Ruhe und das Herz in Ausgleich. Auf diese Weise lassen die Sorgen nach, und es stellt sich Vertrauen in das Leben ein.

Der helle Amethyst verleiht einen erholsamen Schlaf, indem er schwere Gedanken vertreibt. Eventuelle Träume sind dann häufig mit spirituellen Botschaften versehen.

Der weiße Calcit stärkt das Selbstvertrauen sowie die Toleranz gegenüber den eigenen Fehlbarkeiten. Er klärt und schützt zugleich.

Der Rosenquarz vermittelt Geborgenheit und der Halit (Steinsalz) klärt die Atmosphäre im Schlafzimmer.

Ebenfalls zu empfehlen sind Moqui Marbles. Sie unterstützen die Regenerierung des Körpers, wodurch ein traumloser, tiefer Schlaf möglich wird.

Viele Menschen bevorzugen es, ihren als Handschmeichler geschliffenen Schutzstein mit ins Bett zu nehmen, um seine Energie ganz nah bei sich zu haben. Sie halten ihn fest, bis sie eingeschlafen sind. Danach wandert er irgendwo hin, manchmal auch aus dem Bett hinaus.

Sollten Sie die Steine im Bett als störend empfinden, können Sie sie auf den Nachttisch oder auf ein anderes Möbelstück legen, das nahe am Bett steht und dessen Ablagefläche sich in Körperhöhe befindet. Auf diese Weise kann die Energie des Edelsteins ihre Wirkung optimal entfalten.

AFFIRMATION

»Der (Name es Steins) verleiht dem Schlafzimmer energetische Sauberkeit. Er schenkt uns Geborgenheit und Ruhe. Er verändert die Schwingungen im Raum, sodass sie beruhigend und gesundheitsfördernd wirken. Er verhilft meinen Lieben und mir zu einem erholsamen Schlaf. Danke an die universellen Mächte und ihre Hilfe. So sei es.«

Küche und Esszimmer

Liebe geht durch den Magen, heißt es. In der Küche nimmt diese Liebe ihren Anfang. Sie ist ein Ort, der in vielen Wohnungen klein und zweckmäßig gebaut ist, an dem wir uns – es sei denn, es handelt sich um eine Wohnküche – nie lange aufhalten, und doch ist es der Ort in der Wohnung, der wohl am häufigsten betreten und wieder verlassen wird. Er ist Lager für Nahrungsmittel, Reinigungsraum und Arbeitsstätte. Stellen Sie sich vor, irgendein Raum Ihrer Wohnung wäre nach dem Bezug noch nicht mit seinen Einrichtungsgegenständen bestückt und Sie müssten aus welchen Gründen auch immer noch ein paar Wochen auf diese warten. Es dürfte nicht die Küche sein! Auch wenn alle anderen Räume perfekt nach unseren Bedürfnissen eingerichtet sind, schränkt es die Lebensqualität am meisten ein, wenn eine Küche fehlt.

In ihr befinden sich auch die meisten elektrischen Geräte unserer Wohnung, deren gutes Funktionieren die Voraussetzung für einen reibungslosen Tagesablauf ist. Das geht morgens mit dem heißen Kaffee los und endet am Abend mit dem kühlen Getränk aus dem Kühlschrank. Zum Schutz der Geräte und gleichzeitig gegen Elektrosmog gibt es mehrere Steine, wie Sie im Kapitel »Umzug/Einzug« (S. 100) nachlesen können.

Für die Küche empfehle ich den Schungit. Sein Vorteil liegt neben seiner zuverlässigen Wirkung in den schönen Formen, in denen er im Handel angeboten wird. Er wird beispielsweise zu flachen Platten oder zu Pyramiden geschliffen, die Sie auch in enge Küchen gut integrieren können.

Ein weiterer Schutz, den wir in der Küche gut gebrauchen können, ist der gegen Verletzungen oder Verbrennungen. Dabei erzielen wir bestenfalls einen vorbeugenden Schutz, damit jene Unfälle erst gar nicht passieren. Hier leistet der Chrysokoll gute Dienste. Mit seiner Hilfe behalten Sie einen klaren und wachen Kopf bei den anfallenden Arbeiten. Selbst bei täglichen routinierten Handgriffen bleiben Sie mit der nötigen Aufmerksamkeit bei der Sache. Überdies ist der Chrysokoll in der Lage, das Verderben von Lebensmitteln hinauszuzögern. Legen Sie ihn hierzu in einem Abstand von zehn Zentimetern z. B. neben den Obstkorb oder ins Türfach des Kühlschranks.

Schungit

Chrysokoll

AFFIRMATION

»Der (Name des Steins) reinigt und klärt die Atmosphäre in der Küche. Er schützt ihre Benutzer ebenso wie die Geräte und die Lebensmittel, die sich darin befinden. Danke an die universellen Mächte und ihre Hilfe. So sei es.«

Bad

Das Bad ist der Ort, bei dem wir an Sauberkeit und Frische denken. Das tägliche Reinigungsritual ist uns ein Bedürfnis, um uns wieder wohl in unserer Haut zu fühlen. Im Badezimmer haben wir alles, was wir dafür benötigen, von der Zahnbürste bis zum Parfüm. Es lädt uns mit seiner Klarheit und seinen Düften ein, denn in einem sauberen Bad fühlt sich jeder wohl.

Auch Wasser und Wärme gehören untrennbar zu jedem Bad dazu. Beim Duschen oder Baden produzieren wir eine gehörige Menge Wasserdampf, der sich an Wänden und Fenstern niederschlägt. Sofern das Badezimmer eine trockene Bausubstanz hat und über eine gute Belüftung (Fenster, Abzug) verfügt, kann der Dampf in der Regel nach kurzer Zeit restlos nach draußen abziehen. Aber selbst unter den besten Bedingungen gibt es oft Winkel, die von der Luftzirkulation nicht erfasst werden und immer feucht bleiben, wodurch im ungünstigsten Fall Schimmel entsteht.

Schimmelbefall durch Feuchtigkeit ist Gott sei Dank leicht zu entfernen, da er lediglich durch den Wasserdampf entstanden ist. Sollte es Ihnen nicht gelingen, eine immer wieder feuchte oder gar schimmelige Stelle dauerhaft zu entfernen, liegt die Frage nahe, ob nicht eines der in der Wand liegenden Rohre defekt oder eine Außenwand nicht sachgemäß verputzt ist, oder – bei einem Mehrfamilienhaus – aus dem Bad über Ihnen Wasser in die Wände sickert. Bei Schimmelbefall sollten Sie im Interesse Ihrer Gesundheit schnellstmöglich handeln und alle Mängel beseitigen lassen.

Zusätzlich zu professionellen Maßnahmen können auch Edelsteine bei einem erhöhten Grad an Feuchtigkeit hilfreich sein. Sie helfen dabei, dass sich Feuchtigkeit schnell und leicht verabschiedet und trockene Wände für ein gesundes Klima sorgen.

Der Anhydrit ist bei anhaltender Feuchtigkeit in der Lage, Wasser aufzunehmen, wodurch er bis zu 50 % an Volumen zunehmen kann. Er wandelt sich bei diesem Prozess in Gips um und sollte danach ausgetauscht werden.

Der Halit (Steinsalz) zieht ebenfalls Feuchtigkeit an. Legen Sie ihn hierfür in eine Schale, die Sie ins Bad stellen. Nach einigen Tagen verflüssigt sich das Salz und bindet das Wasser.

Um den Befall von Schimmel zu verlangsamen, können Sie zusätzlich einen Staurolith in die Nähe der betroffenen Stellen legen. Er entzieht den Sporen ihren Nährboden. Um das trockene und gesunde Klima zu halten, eignen sich diese Steine auch zur Vorsorge.

AFFIRMATION

»Mit dem (Name des Steins) lege ich den Grundstein für ein gesundes Klima im Bad. Er zieht die Feuchtigkeit aus der Luft und aus den Wänden. Er reinigt die Atmosphäre im Raum, sodass die Sauberkeit nun alles umfasst. Danke an die universellen Mächte und ihre Hilfe. So sei es.«

Keller, Dachboden und andere Lagerräume

In der Psychologie steht der Keller für das Unbewusste in uns sowie für die Basis, auf der sich alles aufbaut. Die tiefer gelegenen Winkel unserer Seele und Kellerräume lassen sich in der Tat leicht miteinander vergleichen. Wir lagern dort Dinge, die wir nicht jeden Tag brauchen, die auf Vorrat erworben oder selbst angefertigt worden sind und dort auf ihre Bestimmung warten. Darunter sind auch Dinge, die wir nicht so einfach loswerden können oder wollen und sie aus diesem Grund in den Keller verbannen, wo sie »aus den Augen und aus dem Sinn« sind. Wir sprechen von »Leichen im Keller«, wenn wir uns der schwierigen Bereinigung belastender Themen immer wieder entziehen. Finden wir etwas besonders schlecht, bezeichnen wir es als »unterirdisch«. Wen wundert es dann noch, dass so viele Menschen Angst davor haben, in den Keller zu gehen?

Wir nehmen uns die Zeit, unsere Wohnung schön und sauber zu halten, denn hier halten wir uns die meiste Zeit auf und hier empfangen wir unsere Gäste. Den Keller aufzuräumen macht nicht so viel Spaß, dort ist es dunkel, ungemütlich und kalt. Außerdem, wen kümmert es, wenn dort keine perfekte Ordnung herrscht? Die Antwort ist einfach: eigentlich nur uns selbst. Wer wenigstens zweimal im Jahr seinen Keller entrümpelt, aufräumt und durchfegt, fühlt sich auch in seiner Wohnung darüber merklich wohler, denn er hat die Gewissheit, aus sämtlichen zu ihm gehörenden Räumen alle belastenden Dinge

entfernt zu haben. Dafür kann er alles Nützliche auf Anhieb finden. Das macht es tatsächlich leichter, auch die »psychischen Keller« auszumisten und somit endlich Raum für das Gute zu schaffen.

Mit dem Dumortierit gelingt das in besonderem Maße, denn er gibt die nötige Leichtigkeit und Zuversicht für solche Unternehmungen. Darüber hinaus nimmt er uns die Angst vor dunklen Räumen.

Der Pyrit hilft, all das zu sehen, vor dem wir gern die Augen verschließen. Mit ihm fällt es leichter, es anzupacken und zu verarbeiten, sei es seelischer oder materieller Natur. Er ist ein guter Manager für unsere dunklen Räume, der uns als solcher dabei unterstützt, wieder Ordnung in unser Leben zu bringen.

Wenn es um Arbeitseinsätze dieser Art geht, darf auch ein Blauquarz nicht fehlen. Mit ihm gelingt es, sich gut gelaunt ans Werk zu machen und eine Aufgabe nach der anderen zu erledigen. Auf diesem Weg werden wir sicherer, weniger angreifbar und somit deutlich geschützter in jeder Hinsicht.

Für die Ordnung auf dem Dachboden gilt das Gleiche wie für den Keller. Während aber im Keller ein stetig gleiches Klima herrscht, finden wir auf dem Dachboden je nach Dämmung im Winter eisige Kälte und im Sommer brüllende Hitze. Das schürt Ängste vor Witterungseinflüssen und vor Elementargewalten.

Mit dem Unakit können Sie dem entgegenwirken. Er verbindet in sich Stabilität mit Lebendigkeit und sendet dies in seine Umgebung aus.

Der Jadeit ist bekannt für seine extreme Zähheit. Er lässt sich deshalb nur schwer schleifen. Diese Eigenschaft der Zähheit und Dauerhaftigkeit überträgt er auch auf sein Umfeld.

Es ist sinnvoll, die Edelsteine für ihre Aufgabe dauerhaft in die dafür vorgesehenen Räume zu integrieren. Sie können sie zwischen die Lagerware auf ein Regal legen oder in den vier Raumecken platzieren.

AFFIRMATION

»Der (Name des Steins) gibt mir den nötigen Schub und das Durchhaltevermögen, das ich brauche, um den Lagerraum aufzuräumen und in Ordnung zu halten. Mit ihm meistere ich das mit Schaffenskraft und guter Laune. Er hütet meinen Lagerraum und schützt alles, was sich darin befindet. Danke an die universellen Mächte und an meine persönlichen Helfer. So sei es.«

Garten

Der Garten ist nicht nur eine wunderschöne Naturanlage für erholsame Stunden, er ist auch ein natürlicher Abstandhalter zu umliegenden Wohneinheiten, Straßen und anderen Gebäuden. Auch Menschen, zu denen man keinen allzu intensiven Kontakt pflegen möchte, hält man durch ihn auf Abstand. Ihr Garten ist wie eine Atempause zwischen Ihnen und der Außenwelt, der sanfte Puffer für die private Sphäre. Durch ihn können nicht nur schlechte Luft gefiltert, sondern auch negative Schwingungen gemildert werden. Andererseits bietet er ungebetenen Gästen in der Nacht einen dunklen und geschützten Korridor, durch den sie sich einen leichten Zugang zum Haus ausrechnen. Ebenso ist er der Nährboden für viele Ängste gegenüber den nächtlichen Geheimnissen eines Gartens.

Damit Ihr Garten für Sie ein sicherer Schutzwall bleibt, können Sie ihm energetische Unterstützung geben, das heißt, neben den klassischen Schutzmaßnahmen auch eine energetische Barriere aufbauen.

Eine einfache, doch wirksame Methode ist das Auslegen schützender Edelsteine an markanten Punkten. Das können die vier Himmelsrichtungen sein, die Eckpunkte des Grundstücks und natürlich die Eingänge bzw. Ausgänge zu Garten und

Wohnung. Möglicherweise hat Ihr Garten »schwache« Zonen. Sie erkennen sie, indem Sie sich in die Sichtweise möglicher Eindringlinge, egal welcher Art, hineinversetzen. Suchen Sie einfach nach den Orten, an denen Sie Deckung finden könnten. Dort platzieren Sie als Erstes ein Licht, möglicherweise eine LED-Lampe. Setzen Sie danach Ihren Schutzstein nicht direkt in den Lichtkegel, sondern eher unauffällig in einen Blumenkübel, in die Wurzelgabel eines Baumes oder zu anderen Gartenaccessoires.

Ebenso sinnvoll ist die Stärkung der natürlichen Kraftplätze in Ihrem Garten. Ich schmücke einen Kraftort in meinem Garten mit einer Kugel, die rundum mit kleinen Kristallen beklebt ist. So kann sie wie eine Diskokugel die Energie in den Garten strahlen lassen.

Ein besonderer Verstärker ist auch der Steinkreis. Er bündelt die Energie zu einem schützenden Netz vor negativen Einflüssen. Ein Steinkreis ist in der Regel eine kurzzeitige Einrichtung, die maximal ein paar Tage existiert, bevor sie wieder aufgehoben oder neu gestaltet wird, denn nicht jeder Edelstein, den Sie gern in den Kreis legen wollen, ist für einen dauerhaften Einsatz in Sonne und Regen geeignet. Weil ich in meinem Garten aber nur sehr ungern auf ihn verzichte, habe ich einen Steinkreis entworfen, den ich dauerhaft und dennoch flexibel einsetzen kann. Falls Sie meinem Beispiel folgen wollen, wählen Sie dazu hühnereigroße Kristalle von dichter, milchiger Kristallstruktur, da sie kein Sonnenlicht bündeln und damit keinen Lupeneffekt (Brandgefahr) auslösen können. Darüber hinaus nehmen sie kein Regenwasser auf, das ihnen zusetzen könnte. Damit die Steine dort bleiben, wo sie sollen, können Sie die Einzelstücke mit etwas Mörtel auf kleine runde Verbundsteine kleben. Diesen Steinkreis können Sie auch für rituelle Zwecke nutzen, für einen Programmpunkt bei einem schönen Gartenfest oder als schützenden Spielkreis für die Kinder.

Ein geeigneter Gartenstein ist der Aragonit. Er wirkt ausgleichend auf einwirkende Energien und mildert Reizbarkeit. Gleichzeitig erhöht er die Wachsamkeit und die Konzentration auf das, was gerade ansteht. Darüber hinaus stärkt er die Liebe zur Natur. Am besten für den Garten geeignet ist der als großer Trommelstein geschliffene gebänderte Aragonit. Ihn können Sie sowohl zu den Pflanzen, als auch in die Nähe bebauter Anlagen geben. Aber aufgepasst! Der Aragonit enthält sehr viel Calcium und wird durch die Witterung matt.

Der Mookait ist der ideale Helfer bei der Gartenarbeit, denn er vereint Schaffenseifer mit innerer Ausgeglichenheit. Er verleiht dem Garten eine angenehme Ruhe, die sich auch in der Nacht wie ein Schutz darüber legt.

Der Ozeanchalcedon oder auch Ozeanachat fördert ebenfalls die Liebe zur Natur. Er wirkt abwehrend gegen fremde Einflüsse und gibt kleinen Arealen individuellen Schutz. Seine Eigenschaft, freundschaftliche Gefühle zu fördern, ist vor allem in Gärten mit mehreren angrenzenden Nachbarn sehr nützlich.

Aragonit

Mookait

Ozeanchalcedon

AFFIRMATION

»Der (Name des Steins) gibt diesem Garten energetischen Aufbau, Schutz und Stabilität nach allen Seiten, heute so sicher wie morgen. Er bildet mit all den anderen Schützern auf diesem Areal ein starkes und sicheres Netz für die Pflanzen- und Tierwelt sowie für meine Lieben und mich im Garten und im Haus.
Danke an die universellen Mächte und ihre Hilfe. So sei es.«

Der besondere Schutz

Bewahrung vor Negativem

Etwa einmal pro Woche kommt jemand mit der Bitte auf mich zu, ihm einen Stein zu geben, der ihn gegen einen ihm übel gesinnten Menschen schützt. Dabei steht den Betreffenden die Verzweiflung ins Gesicht geschrieben, und ich erkenne, dass sie kaum noch einen Ausweg sehen, um sich vor den Übergriffen dieses Menschen zu schützen. Die Angst ist so groß, dass viele es nicht einmal mehr fertigbringen, die genauen Umstände bzw. die Art der Attacken genau zu benennen oder laut auszusprechen. Sie umschreiben sie leise und vage, so als könne der Feind ihre Worte hören und ihnen dadurch von Neuem schaden, egal, wo sie sich befinden.

Die Angriffe und Übergriffe auf der seelischen Ebene sind in der Bevölkerung recht verbreitet. Warum Menschen überhaupt eine solche Art des Angriffs wählen, hat viele Gründe. Ein zentraler ist, dass es den meisten schwerfällt, offen und konstruktiv mit Konflikten umzugehen.
Ein Teil dieser Angriffe ist kaum nachweisbar und deshalb auch schwer zu ahnden. Das gibt den Betroffenen das Gefühl, machtlos dagegen zu sein. Die Anzahl der Personen, denen dergleichen passiert, ist groß. Vorfälle in diesem Bereich gehen zu einem großen Teil von Menschen aus, die aus dem Bekanntenkreis der Betroffenen stammen. Dabei sind die Attacken sehr unterschiedlich, da die Ursachen und Motive dafür so vielschichtig sind wie die Menschen selbst. Sieben häufige Hintergründe der Angriffe sind Eifersucht und Enttäuschung aufgrund der Lösung einer Paarbeziehung, Stalking, Neid, Saugen von Energie, schwarze Magie, Herrschsucht und Aggression.

Bei der Zuordnung der Steine für diese Hintergründe ist mir noch deutlicher als bei anderen Themen bewusst geworden, wie sehr die

psychologischen Aspekte des »Opfers« mit denen des »Täters« verknüpft sind. Nicht selten empfinden sich die beteiligten Personen beide als Opfer des jeweils anderen, woraufhin sie sich zu bestimmten Taten genötigt sehen. Das bedeutet, dass der passende Edelstein nicht nur die Aufgabe des Schutzes für seinen Träger übernimmt, sondern ihn gleichzeitig das Verständnis für die Zusammenhänge des Ganzen lehren muss. Nur so können Konflikte und die daraus resultierenden Angriffe dauerhaft beendet werden.
Denn eines ist klar: Auch wenn es zu Anfang schwerfällt, so ist es doch ein reiner Segen, die eigene Einstellung zu sogenannten Feinden zu verändern. Nicht Angst, Ablehnung, Hass und Rachewünsche schützen gegen den Feind, sondern Hinsehen, Verstehen und der Wunsch, aus allen Beteiligten mögen bessere Menschen werden, die sich und der Welt mehr Liebe geben können, sodass es für alle von Vorteil ist.

Im Folgenden erläutere ich sieben mögliche Hintergründe von Angriffen.

Zustand des Verlassen-worden-Seins

Hier spielt vor allem Enttäuschung eine große Rolle. Der verlassene Partner fühlt sich in seiner Wertigkeit heruntergestuft, denn schließlich scheint der Gehende das Leben ohne ihn höherwertig einzuschätzen. Das verletzt die Eitelkeit oder kratzt gar am Selbstwertgefühl. Die Folgen sind Frustration und Groll, und in letzter Konsequenz zieht es Rachegelüste nach sich. Manche Verlassene glauben, sich wiederholen zu müssen, was sie verloren haben, vor allem dann, wenn sie einen unterschwelligen Besitzanspruch hegen. In diesem Gefühlschaos lässt sich eine verlassene Person zu Taten hinreißen, die sie im Normalfall gar nicht tun würde.

Der Hintergrund des Verlassenwerdens löst in der Regel zeitlich überschaubare Attacken aus, die dafür allerdings oft sehr bitter sind, weil der Zurückgelassene viel von dem Expartner weiß und dieses Wissen gegen ihn verwenden kann.

Ein wunderbarer Stein zum Schutz gegen diese Art von Attacken ist der Aquamarin. Er schafft Übersicht und öffnet den Blick für die wichtigen Projekte des Lebens, die Sie begonnen haben. Weiterhin gibt er Ihnen das nötige Durchhaltevermögen für diesen neu eingeschlagenen Weg, auch wenn Sie auf Widerstände stoßen sollten.

Der Topas unterstützt Sie bei Ihrer Selbstverwirklichung. Indem er Sie zu Ihrer eigenen Mitte zurückführt, Sie wieder mit all Ihrer inneren Schönheit und Ihren Fähigkeiten verbindet, erstrahlen Sie auch sichtbar für alle anderen. Diese Signale beenden jede Opferhaltung und sind als Schutz sicherer als imaginäre Stacheldrahtzäune.

AFFIRMATION

»Der (Name des Steins) vermittelt mir das Gefühl für
jene Freiheit, auf die alle Menschen ein Anrecht haben.
Er verleiht mir Durchhaltevermögen und den Blick nach vorn.
Er macht mich stark und frei für alles, was kommt.
Er hält mich auf dem richtigen Weg.
Das Gute in (Name der Person) möge wachsen zu seinem/
ihrem Wohl und zum Wohle der Welt.
Ich danke meinen persönlichen Engeln für ihre treue
und unermüdliche Hilfe. So sei es.«

Stalking

Der Begriff »Stalking« stammt aus der englischen Jägersprache und bedeutet »heranschleichen« und »anpirschen an Wild«. In Bezug auf Menschen bedeutet es das Verfolgen einer Person gegen ihren Willen. In den meisten Fällen handelt es sich bei Stalkern um zurückgewiesene Liebhaber oder Verehrer. Doch ebenso können Nachbarn, weitläufige Bekannte und Menschen des öffentlichen Lebens zu ihren Opfern werden.

In der Psyche des Stalkers ist in den meisten Fällen eine narzisstische Neigung zu finden, bei der das Selbstwertgefühl gleichzeitig sehr gering ist. Er kompensiert dies mit seinem Anspruch auf das Opfer, wobei ihm dessen Empfindungen völlig egal sind. Er unterliegt einer Fehlwahrnehmung bezüglich der Gefühlslage des Opfers. Dadurch wird er die Handlungen des Opfers ständig missverstehen. Er will die Gunst der Person um jeden Preis gewinnen, nimmt Zurückweisung als persönliche Demütigung wahr und entwickelt daraufhin Rachefantasien. In seinem emotionalen Chaos ist er zwischen Liebe und Hass hin- und hergerissen und kann gar nicht verstehen, warum sein Gegenüber sich so einfach von ihm zu lösen vermag.

Es tröstet vielleicht, dass 97 % aller Stalker nicht tätlich werden. Das Gefühl, verfolgt zu werden, reicht aber aus, um einen Menschen extrem zu verunsichern. Inzwischen gibt es einige rechtliche Wege, um einen Stalker in seine Schranken zu weisen, die Sie, wenn Sie betroffen sind, unbedingt nutzen sollten. Ganz wichtig: Nachdem Sie ihm unmissverständlich klar gemacht haben, dass er sich von Ihnen fernzuhalten hat, sollten Sie ihn vollkommen ignorieren, denn jede Reaktion – auch eine abweisende – wird er als Einladung werten.

Mit dem Selbstbewusstsein, das Ihnen der Onyx verleiht, bleiben Sie konsequent und können sich bei Ihrem Gegenüber durchsetzen. Der Onyx unterstützt Sie dabei, die Sache mit rationalem Verstand durchzustehen.

Eine klare Position beziehen Sie mithilfe des Lapislazuli. Mit ihm bleiben Sie wahrhaftig in Ihrem Tun und geben dem, was Sie zu sagen haben, den nötigen Nachdruck.

AFFIRMATION

»Der (Name des Steins) vermittelt mir das Gefühl für Selbstbestimmung. Er rüstet mich für alles, was kommt. Er verleiht mir Konsequenz und Durchsetzungsvermögen auf dem Weg in ein freies, unbeschwertes Leben. Das Gute in (Name der Person) möge wachsen zu seinem/ihrem Wohl und zum Wohle der Welt. Ich danke meinen persönlichen Engeln für ihre treue und unermüdliche Hilfe. So sei es.«

Neid

Warum sollte uns Neid etwas anhaben können? Schließlich ist es ein völlig überflüssiges Gefühl der anderen, das wir nicht willentlich ausgelöst haben, und das uns deshalb nicht beeinflussen kann. Sind Sie da sicher?

Der kleine Bruder neidet dem großen dessen Privileg, länger wach bleiben zu dürfen, und setzt ihm eklige Käfer ins Bett. Ein bei allen beliebter Kunde bedankt sich mit einem Blumenstrauß bei der netten Angestellten des Firmenbüros. Ihre Arbeitskollegin ist neidisch auf sie und tauscht das Blumenwasser gegen Putzmittel aus. Der Familienvater ist neidisch auf das neue Sportcoupé des befreundeten Ehepaars und erzählt im Bekanntenkreis vom angeblichen Schuldenberg der stolzen Autobesitzer.

Dies sind kleine Beispiele zum Thema »Neid«, die mir aus erster Hand zugetragen wurden und die in ähnlicher Form jeder kennt. Sie haben keine große Tragweite, denn man kann sie mit wenigen Worten und Taten aus der Welt schaffen. Doch Neid ist nicht selten das Motiv für extreme Handlungen, die darauf abzielen, dem Beneideten zu schaden. Das Schlimme daran ist die Absicht, die dahintersteht. Da weiß jemand ganz genau, dass es böse ist, und tut es genau deshalb. Der Beweggrund für eine Person mit dieser Absicht liegt in dem Gefühl, für sich selbst nicht genug zu bekommen. Sie fühlt Mangel und möchte ihn ausgleichen. Sie sucht beständig nach Habe. Und wenn sie ihre Habsucht nicht befriedigen kann, darf auch ein anderer sich nicht an seinen Besitztümern erfreuen.

Es gibt Möglichkeiten, den Neid der Mitmenschen gering zu halten, indem das eigene Auftreten angemessen und im rechten Maß bescheiden bleibt. In meinen Beispielen könnte der große Bruder dem kleinen etwas von seiner Zeit schenken und ihm eine Gutenachtgeschichte vorlesen, die Büroangestellte könnte der Kollegin eine der Blumen schenken und der Sportwagenbesitzer könnte sich bei dem Ehepaar einmal als Babysitter zur Verfügung stellen. In den meisten Fällen senken solche Gesten den Neidfaktor deutlich.

Sollte das nicht ausreichen, rate ich zu einem Muskovit. Als Mitglied der Glimmer-Gruppe gehört er zu den effektivsten Schützern im Mineralreich. Er wirkt abschirmend bei unangenehmen Konfrontationen und gibt uns seelischen Beistand. Mit ihm fällt es uns leichter, unsere Angelegenheiten angstfrei zu lösen.

Der Rutilquarz ist ebenfalls ein Angstlöser. Er ist vor allem dann angebracht, wenn die neidvollen Anfeindungen auf nonverbaler Ebene stattfinden und aus diesem Grund eine anhaltende Beklemmung entstanden ist. Der Rutilquarz führt aus dieser Beklemmung heraus, wodurch er Freiheit und neue Lebensfreude vermittelt.

AFFIRMATION

»Der (Name des Steins) öffnet mir den Blick für Ursache und Wirkung in meiner Beziehung zu (Name der neidenden Person). Er gibt mir zugleich Mitgefühl und Rüstzeug für die Lösung der Aufgabe, die mir (Name der Person) auf seine Weise stellt. Der Stein verleiht mir Konsequenz und Durchsetzungsvermögen auf dem Weg in ein freies, unbeschwertes Leben. Das Gute in (Name der Person) möge wachsen zu seinem/ihrem Wohl und zum Wohle der Welt. Ich danke meinen persönlichen Engeln für ihre treue und unermüdliche Hilfe. So sei es.«

Energieraub

Jeder von uns bekommt gern Komplimente und freut sich über Zuneigung. Selbst wenn eine Person noch weitergeht und uns regelrecht »Honig ums Maul« schmiert, lassen wir uns das gefallen. Gleichzeitig fragen wir uns vielleicht, welchen Zweck die Person damit verfolgt, vor allem, wenn sie uns beinahe wie ihren persönlichen Star behandelt. Auf die Antwort müssen wir selten lange warten, denn je länger diese Person um uns ist, desto deutlicher spüren wir, dass sie uns eine gehörige Menge Energie kostet. Wir möchten ihr nicht wehtun und geben ihr deshalb nur vorsichtig zu verstehen, dass wir das nicht wollen. Aber genau diese unklare Art erkennt sie als unsere Schwäche und haftet umso fester an uns.

Die Hauptprobleme eines Energiesaugers sind eigene Lebensuntüchtigkeit, fehlende Eigenverantwortung und mangelndes Interesse daran, diesen Zustand zu ändern. Er verhält sich wie ein Kind und zwingt seine Mitmenschen in die Position der Versorger mit allen seelischen, zuweilen sogar materiellen Verantwortungen, die ein solcher hat. Ein Energiesauger tut dies schon sein Leben lang, weshalb ihm seine Übergriffe kaum bewusst sind, da er sich nur über andere definieren kann.

Um sich vor subtilen und manipulativen Einflüssen zu schützen, empfehle ich den Halit (Steinsalz). Er hilft, das eigene Verhalten zu verändern, sodass der Energiesauger keine Angriffsfläche mehr hat. Zu Hause eignet sich der Halit gut zum Auslegen an Fenster und Tür. Da es ihn aufgrund seiner Brüchigkeit nur in Rohform gibt, eignet er sich nicht gut als ständiger Begleiter. Eine Möglichkeit wäre, ein kleines Stück davon in einer Spirale als Anhänger zu tragen.

Der Labradorit kann dabei helfen, sehr schnell die Absichten Ihres Gegenübers zu durchleuchten und seine Hintergedanken zu erkennen. Dadurch werden Sie weniger beeinflussbar. In manchen Quellen wird seine Fähigkeit beschrieben, Löcher in der Aura des Menschen zu schließen, was bedeutet, dass er seelisch wie körperlich genau dort schützt, wo die Schwachstellen liegen.

Das Tigereisen unterstützt bei der Ablösung von Energiesaugern. Es regt zu einer zügigen und entschlossenen Handlungsweise an, wobei es gleichzeitig die verlorene Energie zurückgibt.

AFFIRMATION

»Der (Name des Steins) zeigt mir, wie wertvoll die Energie ist, die mir zur Verfügung steht. Durch seinen Schutz weiß ich, wofür ich sie habe und wie ich sie optimal nutze. Mit ihm bleibe ich standhaft in meiner Kraft und zeige (Name der Energie saugenden Person) auf diese Weise, wie er/sie die eigene Energie fördern und nutzen kann. Der Stein verleiht mir Konsequenz und Durchsetzungsvermögen auf dem Weg in ein freies, unbeschwertes Leben. Das Gute in (Name der Person) möge wachsen zu seinem/ihrem Wohl und zum Wohle der Welt. Ich danke meinen persönlichen Engeln für ihre treue und unermüdliche Hilfe. So sei es.«

Schwarze Magie

Einer Person, die sich der schwarzen Magie verschrieben hat, geht es in erster Linie darum, andere beeinflussen zu können. Diese Art von Macht gibt ihr Nervenkitzel, sie gibt ihr das Gefühl, Gott – oder besser gesagt – Teufel spielen zu können. Sehr häufig steht dahinter ein eher junger, vom Elternhaus mit wenig Selbstbewusstsein ausgestatteter Charakter, der sein Bedürfnis nach Macht im Verborgenen und heimtückisch ausleben kann. Er beobachtet seine Werke, spinnt sie weiter und baut sie bei Erfolg weiter aus. Er instrumentalisiert die Menschen und lässt sie tanzen wie Marionetten. Dabei geht es ihm vordergründig weder um Rache noch um eine persönliche Bereicherung am Opfer, sondern es geht ihm um den Kick, den ihm seine Fähigkeit beschert. Im ungünstigsten Fall möchte er davon immer mehr, sodass sich seine Obsession zur Sucht ausweitet. Hier läuft dieser Mensch Gefahr, den Boden der Realität zu verlieren und in eine psychische Störung zu verfallen. Sollten Anzeichen dafür vorliegen, muss auf jeden Fall fachkundige Hilfe eingeschaltet werden, zum Schutz für Sie und zur Behandlung des Angreifers.

Schwarze Magie kann auf sehr unterschiedlichen Wegen ihr Ziel finden. So wie Wasser durch diverse Materialien oder Rauch durch jede Ritze dringen kann, sucht sie sich ihren Pfad. Aus diesem Grund wählen wir hier genau jene Edelsteine, die ebenso komplex ihren Schutz ausbreiten.

Auf jeden Fall sollte der Schörl zum Einsatz kommen. Wie schon erwähnt (siehe S. 13) hat er sich seit Jahrhunderten als Schützer gegen böse Mächte bewährt. Er leitet wie ein Blitzableiter ankommende negative Energien ab und zerstreut sie. Er entstört auch energetische Blockaden, die für Sie zu einer »Achillesferse« werden könnten.

Der Diamant steigert das Selbstbewusstsein und die Willenskraft in ganz besonderem Maße. Er stärkt Sie von innen und errichtet gleichzeitig eine energetische Festung um Sie, die für äußere Angriffe – sei es auf seelischer, geistiger oder auch körperlicher Ebene – unbezwingbar ist.

Den Diamanten sollten Sie immer bei sich tragen. Ein kleines Rohstück reicht dafür völlig aus. Der Schörl kann sowohl als Schmuck getragen als auch zu Hause in den vier Himmelsrichtungen bzw. Hausecken ausgelegt werden.

AFFIRMATION

»Der (Name des Steins) schützt mich und meine Lieben nachhaltig und in jeder Hinsicht. Er legt einen starken Schild um mich, der nur die positiven Gedanken, Wünsche und Taten hindurchlässt und alles andere an seinen Absender zurückschickt. So bleibe ich in meiner positiven Energie, ich fühle all meine Sicherheit und Kraft. Dieser Schild mit seinem kompletten Schutz entfaltet sich jetzt. Das Gute in (Name der Person) möge wachsen zu seinem/ihrem Wohl und zum Wohle der Welt. Ich danke den universellen Kräften und meinen persönlichen Engeln für ihre Unterstützung. So sei es.«

Machthunger

Macht ist in unserem Leben allgegenwärtig. Wir alle üben sie in bestimmten Situationen aus, ohne dass wir darüber nachdenken. Was bringt aber einen Menschen dazu, die komplette Macht über andere haben zu wollen? Es ist der Drang, die eigenen Interessen durchzusetzen, der Wunsch nach Kontrolle, gepaart mit Selbstüberschätzung. Die Weltsicht des Machthungrigen ist die richtige, abweichende Meinungen sind nicht akzeptabel. Es fehlt das Bewusstsein für andere. Worte wie Toleranz oder Kompromiss sind leere Hülsen, unbekannte Größen.

Ein Despot lässt sein Gegenüber selten ausreden, nimmt aber eine Unterbrechung seiner Rede sehr übel. Er fordert Regeln von den Mitmenschen, die er selbst nicht einhält. Er geht mit Selbstverständlichkeit davon aus, die erste Wahl zu sein, den besten Platz, das größte Stück Kuchen zu bekommen. Personen in seinem Umfeld haben große Mühe, ihre eigenen Lebensentwürfe durchzusetzen, sie können sich kaum entfalten. Aber auch jene, die nur selten mit ihm zu tun haben, werden von dem Despoten dazu genötigt, diesem Vorteile zu verschaffen. Sie fühlen sich dann überrumpelt und fragen sich, warum sie nicht standhaft geblieben sind und ihn in die Schranken gewiesen haben. Erstaunlicherweise hält sich die machthungrige Person fast immer für einen ganz besonders guten Menschen, dessen Dasein allen anderen zum Wohle gereicht. Hier liegt auch der Schlüssel zu dem richtigen Umgang mit ihm. Bleiben Sie gelassen, und gehen Sie Ihren Weg mit Selbstverständlichkeit. Tun Sie die Dinge so, wie Sie es tun würden, wenn die Person nicht da wäre. Wenn Sie von ihr dafür angegriffen werden, weisen Sie ihre »Hilfe« freundlich zurück. Somit stellen Sie klar, dass Sie außerhalb ihres Wirkungskreises stehen. Es wird wahrscheinlich eine Weile dauern, bis Ihr Gegenüber Ihr neues Verhalten akzeptiert, wichtiger aber ist, dass Sie selbst sich mit Ihrem Handeln uneingeschränkt annehmen können.

Auch hier ist in erster Linie der Diamant zu empfehlen. Er vermittelt jenes Freiheitsgefühl, das Sie aus dem Bannkreis des Despoten ausbrechen lässt, um eigene Wege zu beschreiten.

Der Onyx verhilft ebenfalls zu einem gesunden Selbstbild. Mit ihm bleiben Sie Ihren Idealen treu und legen jede Beeinflussbarkeit ab.

Der Rubin stärkt Ihr Durchsetzungsvermögen auf selbstverständliche Art und Weise.

AFFIRMATION

»Der (Name des Steins) gibt mir die Freiheit und Unabhängigkeit zurück. Ich spüre die Liebe zu meinem Inneren Kind und heile es. Ich erkenne, dass meine Seele das Wichtigste in meinem Leben ist und lebe deshalb jetzt und in Zukunft nach meiner Bestimmung. Mit dem Stein bleibe ich stark und gelassen. Ich weise (Name der Macht ausübenden Person) freundlich aber bestimmt in seine/ihre Schranken. Ich helfe ihm/ihr zu verstehen, dass ich ein freier Mensch bin, der seine Entscheidungen allein trifft und trägt. Das Gute in (Name der Person) möge wachsen zu seinem/ihrem Wohl und zum Wohle der Welt.
Danke an meine Helfer auf allen Ebenen. So sei es.«

Zank/Missgelauntheit

Dass Missgelauntheit im Laufe eines Lebens zunehmen kann, ist bekannt. Es ist inzwischen erwiesen, dass der Körper durch negative Einstellung, falsche Ernährung und ungesunde Lebensweise Giftstoffe ansammelt, die sich nicht nur auf die körperliche Gesundheit auswirken, sondern auch die geistigen und seelischen Funktionen stark beeinflussen. Menschen, die schon ihr Leben lang pessimistisch sind, deren Denken in eine negative Richtung läuft, sind nicht selten auch davon überzeugt, dass ausgewogene Ernährung und ein gesunder Lebensstil nur zusätzliche Anstrengungen sind, die ihnen überhaupt nichts bringen.
Als Folge davon stellen sich immer mehr Missempfindungen und Krankheiten in ihrem Leben ein. Deshalb fühlen sie sich vom Leben enttäuscht und geben den Frust an ihre Umwelt weiter. Anstatt das eigene Weltbild zu ändern, suchen sie nach Fehlern bei den anderen und weisen ihnen die Schuld für ihren Zustand zu. Das Wort »Verständnis« ist ihnen dabei weitgehend unbekannt, und jeder störende Faktor kann der Anlass für Gefühlsausbrüche sein.
Diesen Unmutsbekundungen begegnet man oft aus heiterem Himmel, ohne dass man der betreffenden Person den geringsten Anlass dafür gegeben hätte. Dabei ist es auch einerlei, wo und wann man ihr begegnet. Ein klassisches Beispiel ist der argwöhnische Nachbar. Er erträgt es nicht, wenn andere sich das Leben unverhältnismäßig schön machen. Er muss sie in seine Schranken weisen.

In erster Linie sollten wir bei einem misslaunigen Gegenüber Gelassenheit bewahren, um nicht selbst in den Strudel negativer Gefühle zu geraten. Das gelingt mit einem Serpentin sehr gut. Mit seiner sanften, aber gleichzeitig dichten Energie bauen wir einen emotionalen Schutzwall auf, der uns hilft, den eigenen inneren Frieden zu erhalten. Dadurch bleiben wir in einer besonnenen Grundstimmung gegenüber der Streitlust des anderen und auch der eigenen.

Ein ebenso guter Schützer und Erhalter einer positiven Atmosphäre ist der rosa Turmalin, in einigen Quellen auch Übermittler des rosa Strahls genannt, der Mitgefühl, Freundschaft und Liebe in sich trägt. Er baut ein Schutzfeld auf, das mit seiner sanften und optimistischen Energie Disharmonie und negative Gefühle abschirmen kann.

Den Edelstein für Ihren besonderen Schutz sollten Sie nach Möglichkeit sowohl als ständigen Begleiter bei sich tragen, als auch Ihre Wohnung damit schützen. Auf diese Weise garantieren Sie einen lückenlosen Schutz.

AFFIRMATION

»Der (Name des Steins) zeigt mir die Macht der positiven Gedanken. Durch seinen Schutz weiß ich, wie ich sie optimal nutze. Mit ihm bleibe ich standhaft in meiner Kraft und zeige (Name der Energie saugenden Person) auf diese Weise meine Sicherheit. Der Stein gibt mir inneren Frieden sowie Ausgleich. Damit besitze ich genau dort Konsequenz und Durchsetzungsvermögen, wo ich es brauche. Das Gute in (Name der Person) möge wachsen zu seinem/ihrem Wohl und zum Wohle der Welt.

Ich danke meinen persönlichen Engeln für ihre treue und unermüdliche Hilfe. So sei es.«

Geisterwelt/Verstorbene

Für die naturnahen Völker aller Erdteile stellt sich bei diesem Thema überhaupt keine Frage: Die Welt der Geister ist so real wie die unsere. Die Tatsache, dass auch in den industrialisierten Ländern die Geister in den Köpfen der Menschen nie »gestorben« sind, zeigt uns ihre Präsenz. Ihre Form ist recht unterschiedlich. Es gibt Naturgeister, Wesen, die den vier Elementen entspringen, Devas, Elfen und viele andere. Es gibt lichte Wesen, die als Feen, Engel oder Gottheiten bezeichnet werden sowie dunkle, dämonische Wesenheiten. Und dann sind da noch unsere Ahnen. Die ethnischen Volksstämme haben ihre Schamanen, Mittelsmänner und -frauen, die mit den Ahnen in Verbindung treten, sie um Rat fragen oder um Hilfe bitten. Die Arbeit der Schamanen genießt den höchsten Respekt. Der Rat, den die Ahnen ihren Nachkommen übermitteln und den diese weitergeben, hat einen ebenso hohen Stellenwert. Schließlich verkörpern die Ahnen das gesamte Wissen der vorangegangenen Generationen. Ihre Entscheidungen sind daher über jeden Zweifel erhaben und werden in jedem Fall beherzigt.

Betrachten wir die Totenzeremonien mancher Länder, so erkennen wir, wie beim Abschied von einer geliebten Person, neben der persönlichen Trauer über ihren Verlust, auch die Gewissheit mitschwingt, dass ihre Seele weiterexistiert in einer Welt, in die sie übergegangen ist und in der es ihr in der Regel besser geht.

In unserer rationalen Gesellschaft hat diese Weltanschauung kaum Platz. Dennoch spüren viele Menschen die Nähe der Geistigen Welt sehr deutlich. Häufig möchten sie nicht darüber reden, um nicht für verrückt gehalten zu werden. Und allzu häufig macht es gerade wegen des Unverständnisses der Mitmenschen und wegen der fehlenden Erfahrung mit solchen Phänomenen Angst.

Nun gibt es im Jahresverlauf Zeiten, zu denen die Grenzen zwischen der Geistwelt und der unsrigen sehr durchlässig werden. Das ist im Frühjahr (Walpurgisnacht), im Herbst (Allerseelen) sowie in den Rauhnächten der Fall.

Der Grund, warum sich einige Seelen noch in der Zwischenwelt befinden, also sich noch nicht gänzlich verabschieden können, ist unterschiedlich. Viele wollen gehen, aber sie werden von ihren Hinterbliebenen festgehalten, weil diese sich meist emotional nicht lösen können. Andere wollen nicht gehen, weil sie den ihnen in Liebe verbundenen Menschen helfen möchten. Es gibt aber auch solche, die wegen nicht beglichener Rechnungen keinen Frieden finden.

Solange die Energien, die wir spüren, einen positiven, lichten Charakter haben, stellen sie nicht zwangsläufig ein Problem für uns dar. Das ist erst in dem Moment der Fall, wo sie uns ängstigen oder gar Schaden zufügen. Zunächst sollten wir uns auf jeden Fall darüber im Klaren sein, dass diese Mächte uns nur heimsuchen, weil wir es zulassen oder weil wir diejenigen sind, die etwas dagegen tun können. Sie sind also da, um unsere Schwächen zu nutzen und sich zu manifestieren, oder sie sind da, weil unsere Stärke sie erlösen kann. Meistens hilft es, zu klären, wie weit die betreffende Energie etwas mit unserer eigenen Geschichte zu tun hat.

Besetzungen

Bei diesem Phänomen haben die fremden Energieformen auf jeden Fall etwas mit unseren eigenen zu tun. In ihrer Art sind sie unterschiedlich, haben aber gemeinsam, dass sie als körperlose Wesenheiten erst durch einen »Wirt« tätig werden können, dessen Energiemuster ihrem eigenen bekannt ist oder ähnelt. Diese Eigenschaft zeigt deutlich, dass sie ohne uns nichts wären. Sie sind darauf angewiesen, dass wir es zulassen. Deshalb können Besetzungen nur dort anhaften, wo es Schwächen oder Lücken im eigenen Energiekörper gibt. Durch die Stärkung unserer Chakras klären wir unser gesamtes Energiefeld. Hier können sich Besetzungen nicht mehr halten. Sollte dennoch eine Fremdenergie anhaften, rate ich zu Übungen aus dem Partner-Yoga, weil diese Form des Yoga durch die spezielle Konzentration, die dabei aufgebaut wird, besetzende Energien regelrecht in die Flucht schlägt.

Der ideale Begleiter durch das Clearing (Reinigung der Aura von Fremdenergien) und auch danach ist der grün-violett gebänderte Fluorit. Er hilft, Fremdeinflüsse jeglicher Art zuverlässig zu lösen und schützt nachhaltig vor neuen Anhaftungen.

AFFIRMATION

»Der Fluorit gibt meinem gesamten Energiefeld Klärung und Heilung. Durch ihn fühle ich die Ganzheit meines Seins und den Schutz auf jeder Ebene. Ich danke ihm und der universellen Kraft für ihre Hilfe. So sei es.«

Fluorit

Seelen aus der Geistwelt

Aus welchen Gründen auch immer Seelen noch in der Geistwelt existieren, es ist wichtig, dass wir ihnen gebührenden Respekt entgegenbringen. Die Kerze in der Kirche oder an einem besonderen Platz zu Hause gehört dazu, ebenso die Ansprache in einem Gebet. Wenn Sie einer Seele dazu verhelfen wollen, endlich Frieden zu finden, können Sie das in Form eines Rituals tun: Legen Sie an dem Ort, an dem die Seele am meisten präsent ist, einen Steinkreis aus. Lassen Sie sich bei der Wahl der Steine von Ihrer Intuition leiten. Nun können Sie sich mit einer Kerze in die Mitte des Kreises setzen, der Ihnen wie eine Insel Schutz und Erdung gewährt, während Sie die Kommunikation mit der Seele aufnehmen. Versuchen Sie zu ergründen, warum die Seele noch hier ist. Häufig reicht schon diese Aufmerksamkeit aus, um der Seele zu helfen, denn Sie schicken ihr damit Verständnis, Respekt und somit Heilung. Möglicherweise teilt sie Ihnen den Grund ihrer Anwesenheit mit. Das geschieht in der Regel in einem Gefühl, einem Wissen, das Sie plötzlich haben. Dieses Wissen selbst führt Sie auf den Lösungsweg, und der Wunsch, diesen zu gehen, stellt sich ein. Wundern Sie sich nicht, wenn plötzlich alles einen leichten, luftigen Charakter bekommt. Es liegt an der inneren Reinigung, die nun für die Seele und womöglich auch für Sie eingesetzt hat. Nun können Sie ihr danken, ihr sagen, dass Sie ab jetzt ohne sie zurechtkommen und sie verabschieden.

Um der Seele den Weg ins Licht leichter zu machen, können Sie vor dem Auflösen des Steinkreises eine Bergkristallspitze aufstellen, in deren Lichtsäule sie aufsteigen kann. Lassen Sie die Bergkristallspitze so lange an ihrem Platz stehen, bis die Energie sich aufgelöst hat.

Ein weiterer Stein, der den Seelen hilft, den Weg ins Licht zu finden, ist der Zirkon. Dabei unterstützt er unsere eigene glückliche Ablösung von der gehenden Seele ebenso, wie er auch ihr hilft, sich vom Irdischen zu lösen und »nach Hause« zu gehen.

AFFIRMATION

»Der (Name des Steins) öffnet und erhellt deinen Weg ins Licht. Du hast in der Zwischenwelt verweilt, um deine Aufgaben zu erledigen. Nun hast du alles getan und gehst in Frieden. Du bist erlöst und selbst ein Teil des Lichts. All deine Helfer sind bei dir. So sei es.«

»Das Band ist gelöst. Nun löse ich den Kreis und danke den Freunden aus dem Mineralreich ebenso wie meinen Engeln dafür, dass sie mich geschützt und bei der Hilfe für diese Seele unterstützt haben. So sei es.«

Register

Geordnet nach Steinen

A

Anhydrit (Angelith)
Nimmt Wasser auf, schützt vor Feuchtigkeit (S. 120)

Apatit
Stärkt Gelenke, Sehnen, Knochen und hält sie geschmeidig, Neubildung von Zellen (S. 66), hält beweglich, schützt vor Verletzungen, beugt Müdigkeit vor, Ziele erreichen (S. 78)

Apophyllit
Bringt Reinigung und Klarheit für Räume, bei zwischenmenschlichen Hürden, gegen gekünsteltes Verhalten, für Ehrlichkeit mit anderen, gegen Spannung und Druck (S. 112)

Aquamarin
Siehe Beryll (ab S. 63), schützt vor Besitzanspruch, öffnet den Blick und schafft Übersicht, Durchhaltevermögen, hilft bei Widerständen (S. 131)

Aragonit
Stabilität bei extremen Entwicklungen (S. 108), ausgleichend, mildert Reizbarkeit, erhöht Wachsamkeit und Konzentration, Liebe zur Natur (ab S. 126)

Aventurin
Lässt Sorgen verblassen, schenkt Vertrauen in die Welt, hilft beim Einschlafen (S. 55/S. 115), Ruhe für Geist, Ausgleich für Herz (S. 115)

B

Baumachat
Stärke, Stabilität (S. 58), Prüfungsstein, Besonnenheit, Standfestigkeit, Abschirmung äußerer Einflüsse, Sammlung und Ruhe bei bedrohlichen Situationen, stärkt innere und äußere Widerstandskraft, Glaube an die eigenen Ziele (S. 89)

Bergkristall
Licht, Kraft, Klarheit (S. 36), bei Krisen, positive Grundstimmung (S. 61), Kraftüberträger, sicheres Reaktionsvermögen (S. 79), entstörend, Verteiler von neuer Energie (S. 101), klärt den Blick, bringt die wahren Werte zur Geltung, Energieverstärker für andere Steine, löst schwer veränderbare Zustände auf, Einzelspitze wirkt zentrierend und ausrichtend, Stufe verteilt Energie (S. 112)

Bergkristallspitze
Führt Seelen ins Licht (S. 150)

Bernstein
Wundheilung, schützende Hülle, Leichtigkeit, Lebensfreude, Flexibilität, Kreativität (S. 38)

Beryll
Stärkung und Erholung der Augen, gegen Antriebslosigkeit, fördert Bedachtsamkeit (S. 63)

Biotit
Leitet negative Einwirkungen geistiger und körperlicher Natur ab, zerstreut eindringende Kräfte und hält sie fern, gegen ungebetene Gäste, schützt vor Übergriffen (S. 106)

Blauquarz
Hilft bei Arbeitseinsätzen, gute Laune, Erledigung von Aufgaben, macht sicher und weniger angreifbar (S. 122)

Bronzit
Ausgleich für Biorhythmus, belebt ohne aufzupuschen, Erholung in Ruhephasen, Elternstein, stärkt die Nerven (S. 67)

C

Calcit
Unterstützt Skelett und Muskeln, stärkt die Konstitution (S. 66/S. 78), zellaufbauend, stabilisierend, Selbstvertrauen, Willenskraft (S. 78)

Calcit, weiß

Selbstvertrauen, Toleranz mit sich selbst, klärt und schützt (S. 115)

Chalcedon

Kommunikation, Kontaktfreude, Leichtigkeit im Umgang mit Mensch und Sprache (S. 44), Prüfungsstein, unterstützt sprachliche Fähigkeiten (S. 89)

Chalcedonrosette

Stärkt das Allgemeinbefinden, schützt den Gehörgang (S. 74)

Charoit

In verwirrenden, prekären Situationen, gegen Ängste, Ruhe und Überlegung in kritischen Lagen, gibt Mut und Zuversicht (S. 86)

Chiastholith

Stabilität, Energie für eigene Lebensaufgabe, schützt nach außen vor Überlastung und Druck (S. 108)

Chrysokoll

Kühlend auf den gesamten Organismus, bringt Kreislauf ins Lot, hilft bei kleineren Verbrennungen (S. 69)
bei Verletzungen, für klaren und wachen Kopf, Aufmerksamkeit, zögert Verderben von Lebensmitteln hinaus (S. 118)

Chrysopras

Starke Entgiftung (S. 65)

Citrin

Wirkt stimmungsaufhellend, fördert Aufgeschlossenheit und Tatendrang (S. 32)
für sonniges Gemüt, gibt Leichtigkeit, schützt vor Schwermut (S. 72)

Coelestin

Vielseitige Lebensgestaltung, klare Übersicht, Optimismus, Tatkraft, bringt Weite ins Denken, schützt vor Einengung (S. 113)

G

Girasol
Löst Verspannungen, gegen gewohnheitsmäßige Fehlhaltungen (S. 64)

Granat
Kraft, Herausforderung, Durchhaltevermögen, Blutqualität (S. 30)

H

Halit
Klärt Atmosphäre (S. 115), zieht Feuchtigkeit aus Räumen (S. 120)
schützt vor manipulativen Eingriffen, hilft Verhaltensweisen zu ändern (S. 138)

Hämatit
Gibt Kraft, Umsicht und schnelle Reaktion, hilft, bei der Sache zu sein (S. 73)

Heliotrop
Belebt bei Übermüdung, stärkt Nerven, bei Überreizung, gegen unerwünschte Einflüsse, Kontrolle in ernsten Lebenslagen, schützt auf körperlicher und seelischer Ebene, hilft, Ruhe zu bewahren (S. 67/S. 73)

J

Jaspis, braun und gelb
Besonnenheit, Kräfteeinteilung (S. 79)

Jaspis rot
Kräftigt Geschlechtsorgane, regt Energiefluss an (S. 52)

Jadeit
Wirkt Witterungseinflüssen und Elementargewalten entgegen, verleiht Zähigkeit und Dauerhaftigkeit (S. 122)

K

Karneol

Lebensfreude, Kraft, Mut, Nährstoffaufnahme (S. 31), Gemeinschaftssinn, Tatkraft, gute Laune, Probleme lösen (S. 42), regt den Kreislauf an, macht beweglich, wärmt den Körper auf, stärkt Immunabwehr, verbessert die Durchblutung (S. 70)

Koralle

Gemeinschaftssinn, soziales Miteinander, Zusammenhalt, Individualität (S. 43)

Kunzit

Bei Gelenkbeschwerden, Muskelverhärtungen, Sehnenentzündung, Rückenschmerzen, Ischias (S. 66)

L

Labradorit

Entsäuerung, bei Rheuma, heilt die Aura (S. 60), beleuchtet Hintergedanken und feindliche Absichten von anderen, gegen Beeinflussbarkeit, schützt an den Schwachstellen (S. 138)

Lapislazuli

Bei Halsschmerzen, Atemproblemen, verbaler Ausdruck, eigene Belange (S. 34), ruhig und konsequent seinen Ansichten treu bleiben (S. 45), klare Position beziehen, Wahrhaftigkeit (S. 134)

Lepidolith

Schutzschild, vermittelt Leichtigkeit, vermindert Beeinflussbarkeit, für neue Ideen und deren Umsetzungskraft (S. 68)

M

N

Nephrit
Gegen aggressive Attacken verbaler und geistiger Natur, entgiftet und entsäuert körperlich und seelisch, innere Ruhe, Entscheidungsfreiheit, gegen Einflussnahme, bringt Innovation und Handlungsfreude (S. 68/71)

O

Obsidian
Regt die Durchblutung an, vor allem in Händen und Füßen, beugt Verspannungen vor (S. 70)

Onyx
Zentriert, gibt Selbstbewusstsein, macht standhaft und durchsetzungsfähig (S. 76/ S. 134), Konsequenz, rationaler Verstand, gesundes Selbstbild, den Idealen treu bleiben, gegen Beeinflussbarkeit (S. 143)

Opalith
Freude an Austausch mit Gemeinschaft und Mitmenschen (S. 43), Verständigung, fördert Feingefühl und Aufgeschlossenheit auf emotionaler Ebene (S. 86)

Ozeanchalcedon
Liebe zur Natur, wehrt fremde Einflüsse ab, Schutz, fördert freundschaftliche Gefühle (S. 126)

P

Peridot
Erfrischend, erneuernd, herzöffnend, entgiftend (S. 33), Stärkung von Leber und Galle (S. 65), gegen Infektionen, gegen Pilzbefall und andere Schmarotzer (S. 85)

Prasem
Wirkt kühlend und schützt den Körper durch Ausleiten von Hitze (S. 69), Ruhe und kühler Kopf in heißen Phasen (S. 79)

Pyrit
Hilft seelisch wie materiell hinzusehen, anzupacken und zu verarbeiten, unterstützt beim Ordnen des Lebens (S. 122)

R

Rauchquarz
Bei seelischen und körperlichen Spannungen, Schmerzen (S. 59), Anti-Stress-Stein, spannungslösend, beruhigt die Nerven, beugt Erschöpfungszuständen vor, lindert Stresssymptome, Kopfschmerzen, Magenbeschwerden, Rückenschmerzen (S. 64/S. 71)

Rhodochrosit
Positive Stimmung, Aktivität, Intuition, Inspiration (S. 49)

Rhodonit
Seelentröster, bei Liebeskummer, Verständnis (S. 50), Heilt seelische Verletzungen, Erste-Hilfe-Stein, Konfliktlöser (S. 76), Insektenstiche, Prellungen, kleinere Brandwunden, Entzündungen (S. 85)

Rosenquarz
Schenkt inneren Frieden und Geborgenheit (S. 50), Liebesspender, vermittelt das Gefühl, ein geliebtes Wesen zu sein, Eingebundensein in die Welt, schützend und beruhigend für die Seele (S. 54), bei Erdstrahlen (S. 102), schützende Energie von Liebe und Harmonie (S. 107), Geborgenheit (S. 115)

Rubin
Für natürliche Alphahaltung, gibt Kraft um die eigenen Anliegen einzufordern (S. 76) Durchsetzungsvermögen (S. 143)

Rutilquarz
Angstlöser, gegen nonverbale Anfeindungen, bei Beklemmungen, vermittelt Freiheit und Lebensfreude (S. 136)

S

Saphir
Verständigung, fördert Feingefühl und Aufgeschlossenheit auf geistiger Ebene (S. 86)

Sardonyx
Stärkung und Schutz des Gehörs (S. 74)

Schneequarz
Fördert und entwickelt verborgene Anlagen, Anregung zum Rückzug (S. 16)

Schörl
Schützt vor Übergriffen jeglicher Art, gegen Elektrosmog und andere Strahlungen, leitet negative Einflüsse ab (S. 13), reinigt Räume von schlechten Energien (S. 101/S. 107), wie Blitzableiter gegen böse Mächte, entstört energetische Blockaden (S. 140)

Schungit
Verdichtet das Vitalfeld, schließt Lücken in der Aura (S. 13), Freie-Radikale-Fänger, aufbauend (S. 58), neutralisiert elektromagnetische Felder (S. 102/S. 117)

Selenit (Gips)
Innere Stabilität (S. 67)

Serpentin
Gelassenheit, emotionaler Schutzwall, für inneren Frieden, gegen Streitlust (S. 144)

Smaragd
Klarer Blick auf die Welt, Verständnis für die Zusammenhänge des Lebens (S. 47), stärkt Leber, Milz, Niere, Immunabwehr (S. 59)

Sonnenstein
Stimuliert das Nervensystem, macht fröhlich und hilft gegen Depressionen, schützt vor Schwermut (S. 72)

Sodalith
Eingefahrene Verhaltensweisen ablegen, dem Leben eine positive Richtung geben, hilft, Dinge zu verändern (S. 103)

Staurolith
Verlangsamt Befall von Schimmel (S. 120)

T

Tektit
Erkenntnis, höheres Sein, schützt vor Kleinmut (S. 47), neutralisiert E-Wellen (S. 102)

Tigerauge
Prüfungsstein, Bündelung und Lenkung der Konzentration (S. 89)

Tigereisen
Neue Energie (S. 108), Ablösung von Energiesaugern, entschlossene Handlungsweise (S. 138)

Topas
Für Selbstverwirklichung, verbindet mit eigener Mitte, innerer Schönheit und Fähigkeiten, gegen Opferhaltung (S. 131)

Türkis
Schutz durch Abgrenzung, Leichtigkeit (S. 55), Schutz vor Sturz und Verletzungen (S. 79), stärkt das Gefühl für Straßenverkehr, Leistungsfähigkeit, Reiseschutz (S. 81/S. 83)

Turmalin, bunt
Verunsicherung, hilft Eindrücke zu analysieren und zu ordnen (S. 86)

Turmalin, rosa

Schützer von positiver Atmosphäre, Mitgefühl, Freundschaft, Liebe, gegen Disharmonie und negative Gefühle (S. 145)

U

Unakit

Wirkt Witterungseinflüssen und Elementargewalten entgegen, verbindet Stabilität und Lebendigkeit (S. 122)

Z

Zirkon

Führt Seelen ins Licht, unterstützt glückliche Ablösung (S. 150)

Geordnet nach Themenbereichen

T

V

W

Z

Literatur

Michael Gienger: Lexikon der Heilsteine. Von Achat bis Zoisit. Neue Erde, Saarbrücken, 2000.

Werner Kühni/Walter Holst: Taschenlexikon der Heilsteine. AT Verlag, Baden/München, 2004.

Georg Huber: Energetische Hausreinigung. Kräuter und Engel im Einsatz. Schirner Verlag, Darmstadt, 2009.

Wolfgang Hahl: Die Erdenhüter-Kristalle. Aquamarin Verlag, 2000.

Über die Autorin

Ulla Rosenberger hat im Rahmen ihrer Ausbildung zur Goldschmiedemeisterin den Zugang zur Geologie, Mineralogie und Gemmologie (Bestimmung von Edelsteinen) gefunden. Seit Jahrzehnten beschäftigt sie sich täglich damit, zum Beispiel bei ihrer Arbeit im Schirner Mineralienparadies in Darmstadt. Darüber hinaus verfügt sie über eine abgeschlossene pädagogische Ausbildung.

Entdecken Sie mit
Ulla Rosenberger …

Schirner Verlag

Ulla Rosenberger
Der Schungit
Herkunft und Anwendung
eines einzigartigen Heilsteins
112 Seiten
ISBN 978-3-8434-5140-6

Geheimnisvoll, bemerkenswert und sagenumwoben: Der legendäre Schungit aus dem russischen Norden ist für seine umfassende Heilkraft und seine schützende Wirkung bekannt. Er schirmt uns gegen Strahlungen und Elektrosmog ab und besitzt dabei eine einzigartige Eigenschaft: Er lädt sich niemals negativ auf!
Ulla Rosenberger befasst sich seit 25 Jahren mit Edelsteinen. Einfach und kompakt zeigt sie Ihnen, wie Sie die vielfältigen Kräfte des Schungits im Alltag optimal nutzen können, um zu entgiften, Ihre Gesundheit zu stärken, sich neuen Wegen zu öffnen oder an Stabilität und Balance zu gewinnen. Darüber hinaus erläutert sie, welche anderen Heilsteine vom Schungit profitieren und in welcher Steinkombination er seine volle Kraft entfaltet.

Entdecken Sie die einzigartigen Kräfte des Schungits für sich!

... die faszinierende Welt der Steine

Ulla Rosenberger
Glückssteine für das Horoskop
Bedeutung und Wirkung
der Edelsteine in der Astrologie
112 Seiten
ISBN 978-3-8434-5159-8

Ulla Rosenberger
Wasser & Steine
Edelsteinwasser selbst herstellen
112 Seiten
ISBN 978-3-8434-5093-5

Ulla Rosenberger
Mein Heilsteinbuch
Edelsteine und Mineralien für Kinder
144 Seiten
ISBN 978-3-8434-1189-9

Danke für deine REZENSION

– Gemeinsam sind wir mehr –

Liebe Leserin, lieber Leser,
von Herzen danken wir dir, dass du dieses Buch in den Händen hältst und es bis zum Ende gelesen hast. Das bedeutet uns, dem Schirner Verlag und seinen Autoren, sehr viel. Aus voller Überzeugung und mit Hingabe widmen wir uns seit vielen Jahren Themen, die unser aller Lebensqualität und Bewusstwerdung dienlich sind, und hoffen, einen Beitrag für eine lichtvollere Welt leisten zu können. Wenn dir unsere Arbeit gefällt, möchten wir dich bitten, dir einige Minuten Zeit zu nehmen, um dieses Buch zu rezensieren. Warum? Die meisten Menschen lesen Rezensionen, bevor sie ein Buch kaufen, da sie hierdurch einen Eindruck bekommen, ob und wie der Inhalt des Buches den Leser erreicht hat. Eine kurze Rezension ist dabei ebenso hilfreich wie eine lange, sehr ausführliche. Um es auf den Punkt zu bringen:

Eine Rezension ist heutzutage die beste Werbung für ein Autorenwerk!

Wenn du den Schirner Verlag und seine Autoren neben dem Buchkauf auch anderweitig unterstützen willst, dann bitten wir dich: Schreibe für jedes Werk eine Rezension – vielleicht als persönliche Leseempfehlung für die Buchhandlung in deiner Nähe oder online, z. B. beim Schirner Verlag. Das wäre nicht nur eine Wertschätzung für die Autoren, sondern kann dazu beitragen, dass die Verkaufszahlen steigen und der Schirner Verlag auch in herausfordernden Zeiten Bestand hat.

WIE SCHREIBT MAN EINE REZENSION?

Grundsätzlich sollte eine Rezension aus der eigenen, subjektiven Sicht geschrieben werden, da es sich um eine persönliche Meinung handelt. Du kannst in zwei Sätzen deine Gedanken zu dem Buch äußern oder eine längere Rezension verfassen. Falls du nicht weißt, wie du beginnen sollst, hier ein paar Anregungen:

- War das Buch leicht verständlich geschrieben? Wie hat dir die Sprache gefallen? Wie empfandest du die Aufteilung der verschiedenen Themen?
- War es unterhaltsam? War es deiner Meinung nach mit Herzblut und Liebe geschrieben? Wie hat es auf dich gewirkt?
- Hat es dein Herz berührt? Konntest du dich wiederfinden?
- War es tief greifend genug? Hast du viel Neues gelernt?
- Hat es gehalten, was der Titel und die Buchbeschreibung versprochen haben? Hat es deine Erwartungen erfüllt?
- Was macht das Buch besonders? Warum sticht es heraus im Vergleich zu anderen Büchern, die ein ähnliches Thema behandeln?
- Würdest du das Buch weiterempfehlen oder verschenken?

Dankeschön

lesen, fliegen, landen
Schirner Verlag

Bildnachweis

Fotografien & Bildgestaltung aller Heilsteine (soweit nicht anders angegeben):
Arne Gutowski, Schirner

Bilder von der Bilddatenbank www.shutterstock.com:
Schmuckelemente auf allen Seiten: Steineillustrationen: Seitenrand: #677274403 (©TOXIC CAT), Headline, Affirmation und Kapitelanfang: #1438593257 (©sunniwa); Schwarzer Hintergrund (Affirmation und Kapitelanfang): #277475495 (©vata); Schimmernder Hintergrund: #122292853 (©Anelina)
Weitere Bilder: S. 5 #646106710 (©Charlie Blacker), S. 6 #1467765023 (©ju_see), S. 8 #1033858459 (©fizkes), S. 11 #749775865 (©eloresnorwood), S. 15 #1670721208 (©FotoHelin), S. 18 #795897712 (©LaineN), S. 19 #642972787 (©Stefan Malloch), S. 20 #1293980872 (©Holly Mazour), S. 21 #369471713 (©Natalia Chuen), #715785541 (©ANNA ZASIMOVA), S. 23 #1111681943 (©Jozef Klopacka), S. 28 #1510165223 (©Microgen), S. 40 #662830909 (©cnoeljames1), S. 41 #316367753 (©Monkey Business Images), S. 46 #41019286 (©Vitaly Raduntsev), S. 60 #767143573 (©Coldmoon Photoproject), S. 62 #1044298822 (©fizkes), S. 70 #1304570119 (©mahirart), S. 82 #606046670 (©sebra), S. 84 #416456635 (©vvoe), S. 88 #148668377 (©Minerva Studio), S. 91 #1043814685 (©Gladskikh Tatiana), S. 94 #1066119788 (©ju_see), S. 99 #1638467833 (©Sachiczko), S. 105 #556997860 (©DenisProduction.com), S. 106 #1183022890 (©losmandarinas), #1180408030 (©losmandarinas), S. 111 #1166042692 (©Photographee.eu), S. 114 #637143079 (©Photographee.eu), S. 120 #1628911300 (©vvoe), S. 120 #1628897008 (©vvoe), S. 121 #635737589 (©Photographee.eu), S. 124 #1572398371 (©Neirfy), S. 128 #714751924 (©Romolo Tavani), S. 145 #206943814 (©verbaska), S. 145 #1128519203 (©Delennyk), #1274441614 (©KrimKate), S. 146 #1088315990 (©Ure), S. 149 #569922166 (©RPBaiao), S. 150 #73619761 (©Mara Fribus), S. 152 #1022349496 (©Potapov Alexander)